# 四川明代佛寺壁画的艺术民俗学意蕴

◎ 杨小晋　刘显成　著

上海古籍出版社

本书系教育部规划基金项目（18YJA760070）、西华师范大学研究生教育教学改革研究项目（2022XM20）研究成果，受西华师范大学出版基金资助

新津观音寺壁画：文殊菩萨着素纱禅衣

新津观音寺壁画：威德自在菩萨

新津观音寺壁画：辩音菩萨

新津观音寺壁画：普觉菩萨

新津观音寺壁画：圆觉菩萨

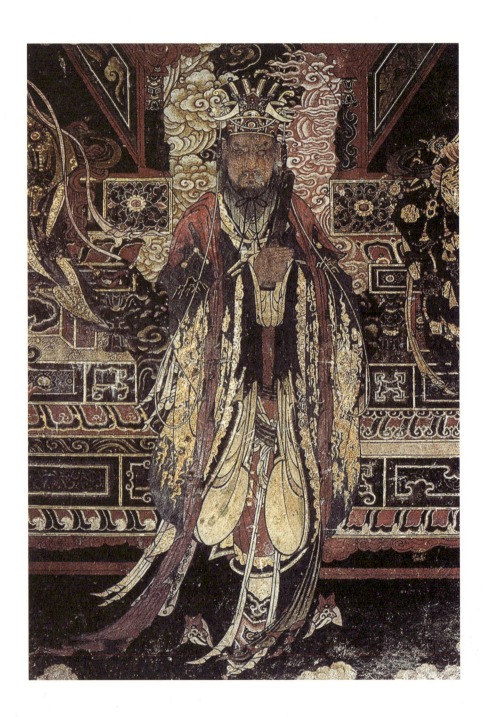

新津观音寺壁画：阎摩罗王

遂宁宝梵寺壁画：调伏老虎

遂宁宝梵寺壁画：药师说法

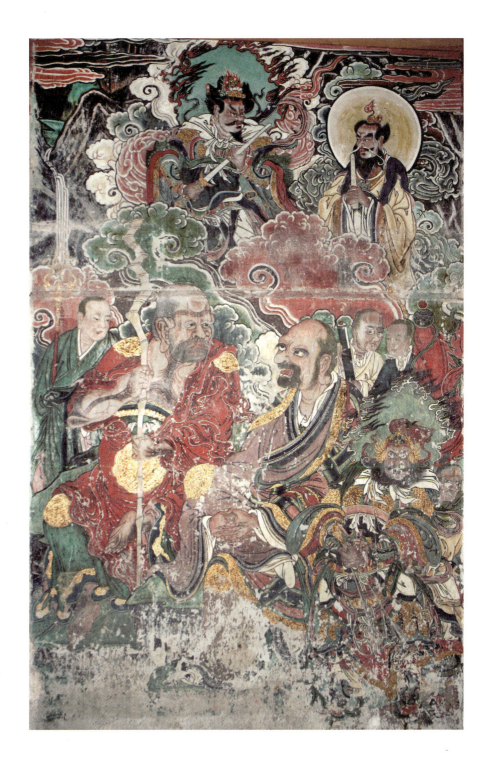

遂宁宝梵寺壁画：扶杖问难

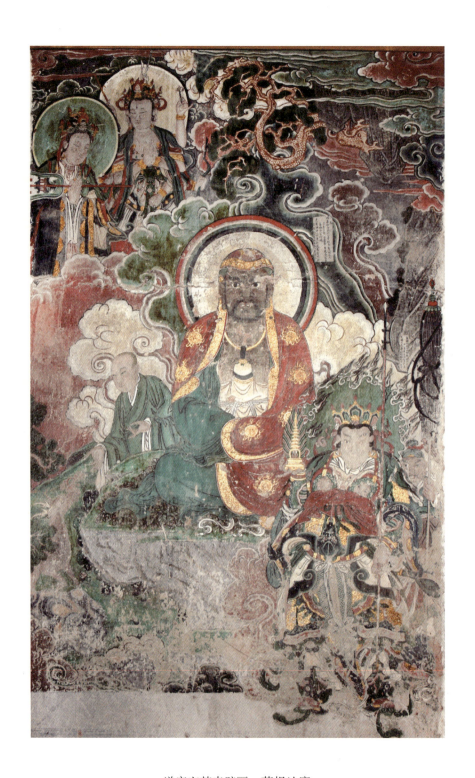

遂宁宝梵寺壁画：菩提达摩

姚昌禄、张建华、何晓梅为成都近慈寺所绘十二圆觉壁画之一

左　新津观音寺壁画：菩提树神；右　姚昌禄本壁画：菩提树神（借鉴明代北京法海寺壁画）

剑阁觉苑寺大雄宝殿佛传壁画：第 3 铺全景

剑阁觉苑寺大雄宝殿佛传壁画：第 8 铺全景

剑阁觉苑寺佛传壁画：双林入灭

剑阁觉苑寺佛传壁画：姨母涅槃

剑阁觉苑寺佛传壁画：因妇得度

平武报恩寺大雄宝殿南壁（北壁）西起第 4 铺壁画：天龙八部

平武报恩寺万佛阁二层南侧西铺壁画

仁寿龙正镇田野调查，从左至右：何晓梅、张建华、姚昌禄、杨小晋（2020 年 6 月 13 日）

# 目　录

第一章

# 遗珍慧命
—— 四川明代佛寺壁画的民俗存在

## 第一节　珍贵的四川明代佛寺壁画遗存

四川，[①]人称"天府之国"，东与重庆比邻，西与西藏连接，南与云南、贵州相通，北与陕西、甘肃、青海相衔，是承接西北、西南、华中、华南，沟通中亚、南亚、东南亚的重要交通走廊，在佛教艺术史上是一个重要的地理节点。本书所谓"四川"，则是1997年将重庆市[②]从原四川省分划出去后的新四川。

本书所涉四川明代佛寺壁画，主要分布在成都周围，像珍珠一样散落在新繁（龙藏寺壁画）、彭州（涌华寺壁画）、广汉（龙居寺壁画）、梓潼（玛瑙寺）、剑阁（觉苑寺壁画等）、蓬溪（宝梵寺壁画等）、资中（甘露寺壁画）、蒲江（河沙寺壁画）、新津（观音寺壁画）等地，属于"汉化佛教"系统。鉴于研究的系统性和纯粹性，本书不涉及"藏传佛教"系统。（表1-1）

目前，已发现的四川明代佛寺壁画遗存计有10余处，见诸记载却已毁绝的壁画也有10余处，[③]主要分布在宣德（1426—1435）到成化（1465—1487）年间，晚明也有少量遗存（表1-2），[④]在普通历史分期上，主要属于明代前期和中期。[⑤]此阶段为明王朝创立、巩固阶段，期间经历了明太祖朱元璋（洪武）、明惠帝朱允炆（建文）、明成祖朱棣（永乐）、明仁宗朱高炽（洪熙）、明宣宗朱瞻基（宣德）、明英宗朱祁镇（正统/天顺）、明代宗朱祁钰（景

---

①　北宋真宗咸平年间，今四川一带的川峡路被分为"川峡四路"，此乃"四川"得名缘由之一。明代四川省（布政使司），辖区除今重庆市、四川省外，还包括今贵州省遵义和云南东北部及贵州西北部。

②　1997年所定重庆市，含重庆、涪陵、万县、黔江地区。

③　据刘敦桢考察，四川明代佛寺壁画还有剑阁南禅寺、芦山姜维庙（明正统十年）、广福寺等处，但现在均已毁绝。刘敦桢著，刘叙杰编：《刘敦桢建筑史论著选集》，中国建筑工业出版社，1997年，第128页。

④　参考曾繁森：《四川佛寺壁画艺术》，四川美术出版社，2016年。

⑤　历史教科书中明代分期为：前期（洪武—宣德），中期（正统—万历），后期（万历—崇祯）。

表 1-1　四川明代佛寺壁画地理空间分布示意图

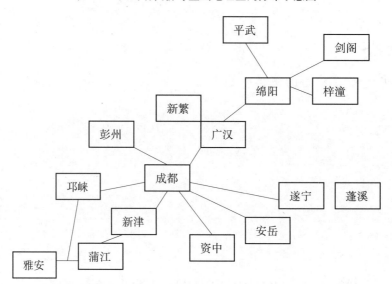

泰)、明宪宗朱见深(成化)、明孝宗朱祐樘(弘治)的统治。在单国强明代绘画断代史分期
意义上,这些壁画主要属于明早期阶段,[①] 即洪武至弘治年间(1368—1505),共 130 余年。
它们既是佛教本身在明代发展的反映,也是中国传统佛教壁画艺术的珍贵组成部分,与明
朝的政治、经济、文化思想、民风民俗的变化密切联系。

表 1-2　四川明代佛寺壁画统计

| 寺　庙 | 时　间 | 铺 | 壁画内容 | 绘制地点 |
|---|---|---|---|---|
| 安县开禧寺 | 建寺于明永乐四年(1406) | | 毁绝 | 大殿 |
| 内江报恩寺 | 明正统二年(1437) | 7 | 不详(现已毁绝) | 大殿 |
| 遂宁广德寺 | 明正统年间(1437—1449) | | 观音、罗汉、十大士(现已毁绝)<br>画僧清贫很著名,陕西人,无际禅师弟子 | 天王阁<br>毗卢殿<br>观音殿 |
| 平武报恩寺 | 明正统四年(1439) | 18 | 十二圆觉、天龙八部、礼佛图、二十四诸天(释氏源流、圣僧罗汉已毁) | 大殿、万佛阁、廊庑 |
| 成都青白江明教寺 | 明景泰六年(1455) | | 十二圆觉、菩萨、诸天、十八罗汉、三府神圣(现已毁绝) | 大殿 |

① 单国强:《明代绘画史》,人民美术出版社,2000 年。明代绘画史:早期,洪武至弘治(1368—1505);中期,正德至嘉靖(1506—1566);晚期,隆庆至崇祯(1567—1644)。

（续表）

| 寺　庙 | 时　　间 | 铺 | 壁画内容 | 绘制地点 |
|---|---|---|---|---|
| 蒲江河沙寺 | 明天顺至成化（1457—1487） | 16 | 善财童子五十三参、二十四诸天 | 大殿 |
| 剑阁觉苑寺 | 明天顺至弘治（1457—1505） | 14 | 佛传故事 | 大殿 |
| 邛崃盘陀寺 | 明景泰七年至天顺元年（1456—1457） | 8 | 善财童子五十三参 | 大殿 |
| 蓬溪宝梵寺 | 明成化二年（1466） | 8 | 佛、祖、十六罗汉、二十四诸天 | 大殿 |
| 蓬溪定静寺 | 明代，晚于宝梵寺壁画 | 4 | 二十四诸天 | 大殿 |
| 广汉龙居寺 | 明成化二年（1466） | 10 | 十二圆觉、四众（二十四诸天、弟子） | 中殿 |
| 新津观音寺 | 明成化四年（1468） | 7 | 十二圆觉、二十四诸天、仙凡供养人、香山全堂 | 毗卢殿 |
| 新繁龙藏寺 | 明成化十二年（1476） | 12 | 善财童子五十三参、华严世界二十四诸天、阿弥陀净土西方三圣、释迦牟尼应化事迹、天龙八部 | 大殿 |
| 资中甘露寺 | 明成化十六年（1480） | 12 | 十二圆觉菩萨、二十四诸天 | 大殿 |
| 彭州涌华寺（1465—1487建） | 不详，据说明成化年间（1465—1487） | 9 | 十二圆觉菩萨、观音修行、郭子仪上寿 | 大殿、观音殿 |
| 梓潼玛瑙寺 | 明代，不详 | 10 | 不详（1970年4月毁于火灾） | 大殿 |
| 芦山白塔寺 | 明代，不详（现移置芦山县博物馆） | 1 | 观音菩萨（在大殿两柱之间用木枋做成木框，再用竹篾编成骨架结构，高3.8米，宽1.4米，经加工再绘制壁画。正面为菩萨像似新津观音寺圆觉菩萨壁画风格，背面为清代绘制壁画） | 大雄宝殿（拆毁） |
| 什邡慧剑寺 | 据《德阳市志》载，1499年重建，1949年楼毁无存 | | 五百罗汉（毁绝） | 应梦楼 |
| | 1524建 | | 观音三十三变化像（毁绝） | 觉皇殿 |
| 雅安天全大悲寺（佛寺及壁画毁绝） | 1465—1487？ | | 不详 | 大雄殿 |
| | 明弘治十六年（1504），有题记 | | 天龙八部（高勖妻王氏妙香施资绘）；释氏源流（题记为信士高闿、同妻徐妙闰，子存礼、存信，孙宗保、音保、三喜，暨高伟、高敬等四十九人为子孙祈福）；解冤结菩萨，土官高勖合宅施财绘；仙佛（题记被刮）；释迦、文殊、普贤三圣像（题记模糊，年月可识） | 辟尘殿 |

（续表）

| 寺　庙 | 时　间 | 铺 | 壁画内容 | 绘制地点 |
|---|---|---|---|---|
| 邛崃石塔寺 | 明嘉靖年间（1522—1566） | 10余 | 十二圆觉菩萨 | 大殿 |
| 剑阁上寺梵天院 | 明万历年间（1573—1620） | 1 | 千手千眼观音坐像和二协侍菩萨 | 大殿 |
| 遂宁慧严寺 | 明正统十二年（1447）后，推为晚明 | 6 | 二十四诸天 | 大殿 |

从现存四川明代佛寺壁画来看，其题材已经与唐代满壁的经变相去甚远，内容多系佛陀（如剑阁觉苑寺壁画依据《释氏源流》而绘的"佛传故事"是该题材最成熟的经典式样，历五百年而保存完整）、菩萨（如广汉龙居寺中殿壁画、新津观音寺毗卢殿壁画、资中甘露寺大雄宝殿壁画、平武报恩寺大雄宝殿壁画、剑阁觉苑寺第149号壁画"圆觉三观"等以十二圆觉为代表的壁画，具有极高的艺术文化价值）、善财童子五十三参（如蒲江河沙寺、邛崃盘陀寺、新繁龙藏寺均有五十三参图。尤其是新繁龙藏寺壁画，场面连贯、画幅宏大，艺术水准非常高）、罗汉（以蓬溪宝梵寺壁画为代表，所绘为十六罗汉）、诸天护法善神的二十四诸天（如新津观音寺和蓬溪宝梵寺壁画的诸天保存完美，造型堪称典范）和天龙八部（如平武报恩寺和新繁龙藏寺壁画的天龙八部，代表不同的造像取向）、供养人等主题性创作。

另外，虽然很遗憾诸多明代佛寺壁画已经损毁，但其记载可以让我们了解到彼时的一些题材，如遂宁广德寺的观音、罗汉、十大士，成都青白江明教寺的十八罗汉、三府神圣，什邡慧剑寺应梦楼五百罗汉和觉皇殿观音三十三变化像，雅安天全大悲寺的解冤结菩萨，等等。这提示我们不能仅以显见的遗存去揣测和还原历史文化情境，那样会得出片面的结论。

整体看来，四川明代佛寺壁画主要处于明代前期、中期，佛教艺术较严谨，题材比较固定。壁画构成往往依据经典和仪轨，使一殿壁画构成一个完整的主题，从而形成一个封闭的道场，因此这些壁画结构往往气势恢宏。由于宗教融合的趋势，这些壁画在精心组织下，有的显密融合，有的禅净双修，有的三教合流，文化内蕴深厚。工匠在严格的佛教规则中，因地制宜，大胆创新，就是同一题材也能创造出不同的式样，所以每个寺院的壁画都具有独特的个性，弥足珍贵。

四川明代佛寺壁画粉本一方面来自中原，一方面在区域内孕育，但与主流佛教艺术始终保持着紧密的血脉相连的关系。自唐、五代、两宋以来四川壁画高手辈出，受其遗绪影响，四川明代佛寺壁画的工艺水平也非常高超，在全国遗存中属于重要的一脉。在制作地仗、写线、运色、晕染、用金等工艺上，皆是传统的典范。更为重要的是，四川工匠还创造性地使用材料和技法，如新津观音寺大漆的使用，不仅使壁画艺术效果丰满，更延长了壁画的寿命。

可以说，四川明代佛寺壁画艺术繁荣而兴盛，具有极其珍贵的艺术价值和历史人文价值。

## 第二节 四川明代佛寺壁画遗存巡礼

我们拣选保存较好的四川明代佛寺壁画遗存进行介绍，让读者对其有个粗略印象，分享一份法喜。

### 一、新津观音寺壁画

观音寺在成都市新津县<sup>①</sup>城南约7至8公里处的永商镇宝桥村境内九莲山。据明代《九莲山平盖治<sup>②</sup>观音禅寺重修记》碑铭载，该寺创建于淳熙辛丑（1181），毁于元季之兵燹。宋朝名相张商英（1043—1122，号无尽居士）的故居在观音寺近侧，传说观音寺是遵张商英遗命舍宅而来。从明宣德年间（1426—1435）观音寺开始重建到弘治三年（1490）竣工，共建殿宇12重。寺僧海金、弘甚、福宾，功德主赵子隆以及其后的圆彻、圆历、圆纲、圆镜等一大批披肝沥胆的僧人和善男信女付出了艰苦卓绝的努力。<sup>③</sup>观音寺在明代辉煌过后，又经历了明末清初的战火损毁，清康熙、乾隆、道光年间的修葺，"文化大革命"的破坏等沉浮命运。所幸，目前所仅存之古殿——观音殿和毗卢殿——中的明代雕塑和壁画，不仅是镇寺之宝，更是中华佛教艺术之精华。

新津观音寺壁画，是指在毗卢殿内左右两壁所绘的《十二圆觉菩萨》和主尊雕像背后香山经堂的《香山全堂》。毗卢殿供奉主尊为法身佛毗卢遮那，建于明英宗天顺六年（1462）。殿内正龛塑"三身佛"（报身佛卢舍那居左，法身佛毗卢遮那居中，应身佛释迦牟尼居右）。全殿壁画共有7铺，面积94平方米：含6铺十二圆觉菩萨（图1-1至图1-12）及二十四诸天像（表1-3，图1-13至图1-36），佛龛背后扇面墙绘1铺《香山全堂》（图1-37）。

从艺术造诣上讲，新津观音寺壁画是明代壁画中的上乘之作，可谓惊世绝伦的国之瑰宝。其用线敷色技艺精湛绝妙，构思经营大气磅礴，沥粉贴金庄重富丽，既符合《造像量度经》的仪轨，亦富含生命的信仰气息，弃绝普通宗教画的严肃刻板或俗不可耐，让观者如游走仙界，流连忘返。尤其是十二圆觉壁画中的文殊菩萨，画工细腻，造型端庄，透露出一股宁静自在，被誉为"东方蒙娜丽莎"。

---

① 2020年6月19日，四川省人民政府发布文件，经国务院批准，同意撤销新津县，设立成都市新津区。
② 观音寺古名平盖治（张道陵二十四教区之一），为东汉末年吴都仙客崔孝通修真之处。
③ 颜开明：《道教平盖治与新津观音寺》，《宗教学研究》1993年第1期。

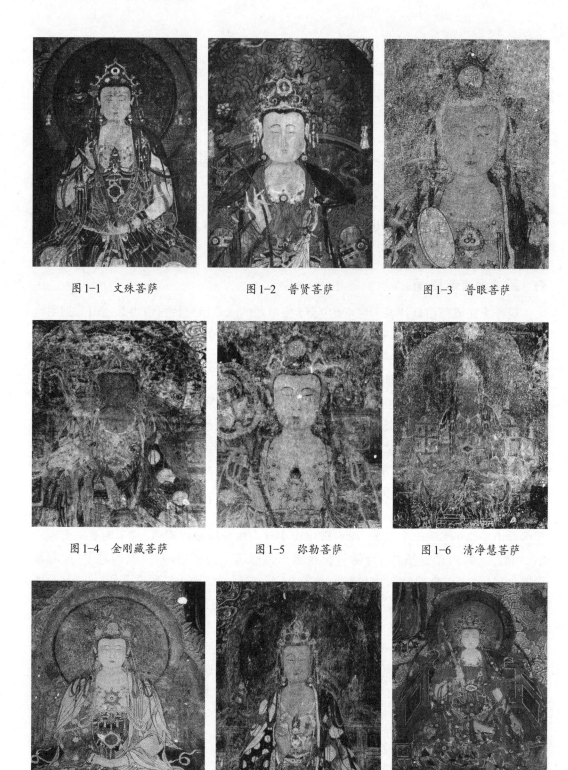

图1-1　文殊菩萨　　　　　图1-2　普贤菩萨　　　　　图1-3　普眼菩萨

图1-4　金刚藏菩萨　　　　图1-5　弥勒菩萨　　　　　图1-6　清净慧菩萨

图1-7　威德自在菩萨　　　图1-8　辩音菩萨　　　　　图1-9　净诸业障菩萨

图 1-10　普觉菩萨

图 1-11　圆觉菩萨

图 1-12　贤善首菩萨

表 1-3　新津观音寺毗卢殿圆觉图诸神尊格分布

| | | | | | | | | | | | |
|---|---|---|---|---|---|---|---|---|---|---|---|
| 东壁 | 大功德尊天 | 大梵天尊天 | 东方持国尊天 | 西方广目尊天 | 弥勒菩萨 | 菩提树王尊天 | 诃利帝南尊天 | 月宫太阴尊天 | 大摩利支尊天 | | 娑迦罗龙王 |
| | 文殊菩萨 | | 普眼菩萨 | | | 威德自在菩萨 | | 净诸业障菩萨 | | 圆觉菩萨 | |
| | 象奴青狮 | 三供养人 | 二供养人 | 密迹金刚尊天 | | 大德韦驮尊天 | 二供养人 | 二供养人 | | 紧那罗尊天 | 一供养人 |
| 三身佛 | 北铺 | | 中铺 | | | | | | 南铺 | | |
| | 北铺 | | 中铺 | | | | | | 南铺 | | |
| 西壁 | 供养天女 | 供养天女 | 供养天女 | 北方多闻尊天 | 清净慧菩萨 | 摩醯首罗尊天 | 供养天女 | 供养天女 | | 星宫月府尊天 | 供养天女 |
| | 普贤菩萨 | | 金刚藏菩萨 | | | 辩音菩萨 | | 普觉菩萨 | | 贤善首菩萨 | |
| | 大辩才尊天 | 大帝释尊天 | 南方增长尊天 | 散脂大将尊天 | | 坚牢地神尊天 | 鬼子圣母尊天 | 日宫太阳尊天 | 阎摩罗王尊天 | | 雷神大将尊天 |

图1-13 功德天　　图1-14 辩才天　　　图1-15 大梵天　　　图1-16 帝释天

图1-17 东方持　　图1-18 西方广目天王　　图1-19 南方增长天王　　图1-20 北方多闻天王
　　　　 国天王

图1-21 密迹金刚　　　　　图1-22 散脂大将　　　　　图1-23 韦驮

图1-24 摩醯首罗　　　　　图1-25 菩提树神　　　　　图1-26 坚牢地神

图 1-27　诃利帝南　　　　图 1-28　鬼子圣母　　　　图 1-29　月宫太阴尊天

图 1-30　日宫太　　　　　图 1-31　摩利支天　　　　图 1-32　阎摩罗王
　　　阳尊天

图1-33　紧那罗王

图1-34　星宫月府尊天

图1-35　娑迦罗龙

图1-36　雷神大将

图1-37　新津观音寺《香山全堂》壁画全景

《香山全堂》壁画面积约19平方米,主要据《香山宝卷》,用20余小单幅壁画,组成表现观世音菩萨一生化现事迹的连环图像,包含:1. 兴林妙庄王;2. 三女说夫婿;3. 幽禁后花园;4. 姊福不艳美;5. 父劝心如磐;6. 再劝说宏愿;7. 辞父去白雀;8. 苦行神代劳;9. 火烧白雀寺;10. 南城祭生魂;11. 锁枷为行愿;12. 受罚终不悔;13. 公主冥府游;14. 太白金星点香山;15. 巡奕土地迎妙善;16. 高隐香山菩萨道;17. 化僧救父舍手眼;18. 刘钦香山求手眼;19. 金盒手眼救妙庄;20. 认女从善释前缘;21. 母随女修普渡船;22. 千手千眼妙庄严。这些故事按图1-38的顺序展开,有心的读者可以自行查阅"妙善公主"的故事,对照理解,此不赘述。

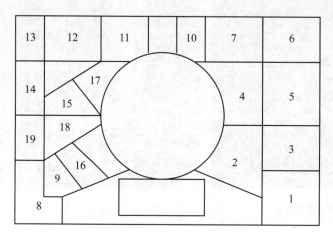

图1-38  《香山全堂》分解示意

据题记,壁画原绘制于明成化四年(1468),清乾隆二十一年(1756)彩妆过,致使壁画面貌受损。

## 二、平武报恩寺壁画

明正统四年(1439),龙州宣抚司土官金事王玺和王鉴父子奉旨开始主持修建平武报恩寺,工程于1460年完工。该寺坐落于四川绵阳市平武县龙安镇的龙安府故城,三面临涪江,坐西向东,以示对北京皇室的效忠。

报恩寺明代壁画主要绘于大雄宝殿和万佛阁四壁,壁画面积较大的南北回廊则于20世纪50年代被毁。现存壁画约450平方米,其庞大规模,在全国寺观壁画中亦属前列。"十二圆觉像"和"礼佛图"为其重点主题,画面分别高2.5—3米,各类形象100余身,巨幅壁画精工绘制,气势磅礴,色彩古朴,沥粉贴金,具有震撼人心的艺术魅力,属品质上乘的传统壁画艺术精品。

### (一)大雄宝殿十二圆觉菩萨

报恩寺大雄宝殿是基于《圆觉经》进行内部装饰设计的,由大殿正中的"三身佛"与大殿左、右、后三面砖砌墙面上绘制的117平方米的"十二圆觉"壁画组成。十二位菩萨像的周围衬饰有祥云、楼台亭阁和眷属小菩萨等。像高2.5米，全为坐像，同殿内主供三世佛及后部泥塑"三大士"共同组成了庄严的"圆觉道场"。

"十二圆觉"壁画分列大殿南北两侧靠西一端各3铺，西壁各1铺。大殿南北两侧靠东一端各1铺壁画，绘天龙八部。

大雄宝殿西壁北侧是文殊菩萨。大殿北壁西起一为普眼菩萨（图1-39）。

图1-39　文殊菩萨和普眼菩萨

大殿北壁西起二为弥勒菩萨（左）和威德自在菩萨（右）（图1-40）。

图1-40　弥勒菩萨和威德自在菩萨

大殿北壁西起三绘圆觉菩萨（左）净诸业障菩萨（右）（图1-41）。此图右下角有大梵天王及三女侍。

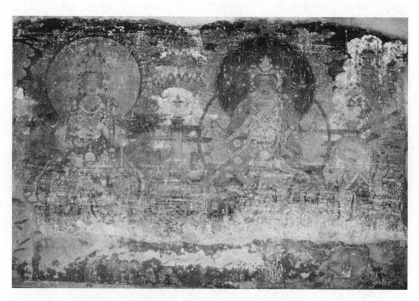

图1-41 圆觉菩萨和净诸业障菩萨

图1-42 普贤菩萨和金刚藏菩萨

大殿西壁南侧普贤菩萨。大殿南壁西起一乃金刚藏菩萨（图1-42）。

大殿南壁西起二乃辩音菩萨（左）和清净慧菩萨（右）（图1-43）。该图左下角绘北方多闻天王。

大雄宝殿南壁西起三为贤善首菩萨（左）、普觉菩萨（右）（图1-44）。该画左下有天众，似应为帝释天。右下已漫漶难辨。

**（二）天龙八部**

报恩寺大殿南、北壁西起第四铺各绘5位，计10位尊神，判为天龙八部题材（图1-45）。但其尊神数与八部不符，身份特征有的并不明显，其文化蕴涵有待进一步研究，笔者试着解析如下。

大雄宝殿北壁西起第四铺画5尊天神：前右阿修罗。前左夜叉。

图1-43 辩音菩萨和清净慧菩萨　　　　　　图1-44 贤善首菩萨和普觉菩萨

图1-45 平武报恩寺大雄宝殿南壁（北壁）西起四天龙八部

后左金维诺以为该神是"寿星"。后右推为天部。

　　大雄宝殿南壁西起第四铺绘神像5尊：前排左紧那罗 。前排右下金维诺认为其是"禄星"。中排为乾闼婆。后排左边或许为摩睺罗伽。推后左尊神代表龙部。后排右边为迦楼罗。

**（三）万佛阁"礼佛图"**

　　万佛阁为坐西朝东格局，是报恩寺面积最大的建筑，其壁画面积也最大，共计约328平方米。万佛阁有上下两层阁楼。每层阁楼绘"礼佛图"，位于除供奉主尊雕像的余下三面墙壁上,绘制神像或人像计100余身。神像有菩萨、天王、金刚和明王等,人像有僧人、供养人及世俗人物等。这些高的达3米的群像,参差错落,列队礼佛,流云仙气萦绕,与阁内的金身佛像共同构成了华丽虔敬的光明道场。

1. 万佛阁底层壁画"佛祖说法"

万佛阁底层"佛祖说法"壁画绘于明正统十一年(1446)。阁内南北两侧壁面各有两幅壁画,绘听法的菩萨天众(图1-46)。

图1-46　万佛阁底层南侧与北侧壁画

万佛阁底层西壁正中塑释迦牟尼佛,两侧分立十大弟子,佛前塑王玺父子躬身听法。西壁壁画就是如来说法塑像的背景,故所画云彩与众弟子高度一致,云头露出菩萨和护法金刚的形象(图1-47)。

图1-47　万佛阁底层西壁全景

上述壁画组成了诵读《金刚般若波罗蜜经》所奉请的护法神,即八金刚和四菩萨。四菩萨有(图1-48):金刚眷菩萨、金刚索菩萨、金刚爱菩萨、金刚语菩萨。八金刚有(图1-49、图1-50):青除灾金刚、辟毒金刚、黄随求金刚、白净水金刚、赤声火金刚、定持灾金刚、紫贤金刚、大神金刚。

2. 万佛阁二层壁画"诸天礼佛图"

万佛阁二层壁画绘"诸天礼佛图"。如果说北京法海寺壁画是"二十诸天"的表现经典,报恩寺万佛阁壁画则是"二十四诸天"的表现经典。其神祇形象特色鲜明,画面构成气势磅礴。

图1-48　金刚语菩萨、金刚索菩萨、金刚眷菩萨、金刚爱菩萨

图1-49　紫贤金刚、赤声火金刚、青除灾金刚、黄随求金刚

图1-50　白净水金刚、辟毒金刚、大神金刚、定持灾金刚

（1）万佛阁二层西壁北铺和南铺壁画

万佛阁二层西壁北铺壁画中是大功德天和大梵天王及男、女随侍各一。西壁南铺绘大辩才天和帝释天，男、女随侍各一（图1-51）。

（2）万佛阁二层北壁西铺和东铺壁画（图1-52）

万佛阁二层北壁西铺壁画，绘北方多闻天王、密迹金刚、韦驮天、菩提树神、坚牢地神、摩利支天、月天（图1-52）。

万佛阁二层北壁东铺壁画，绘东方持国天王、雷公、紧那罗天、供养人、护法金刚（图1-53）。

（3）万佛阁二层南壁西铺和东铺壁画

万佛阁二层南壁西铺壁画，绘南方增长天王、散脂大将、东岳大帝、鬼子母、摩醯首罗天、日天、紫微大帝（图1-54）。

图1-51 万佛阁二层西壁北铺(左)和南铺(右)壁画

图1-52 万佛阁二层北侧西铺壁画

图1-53 万佛阁二层北侧东铺壁画

图 1-54　万佛阁二层南侧西铺壁画

　　万佛阁二层北壁东铺壁画,绘西方广目天王、阎摩天、娑竭罗龙王、僧俗供养人众和两护法金刚(图 1-55)。

图 1-55　万佛阁二层南侧东铺壁画

万佛阁二层"金光明道场"壁画构思精巧,不完全尊崇宗教仪轨,更多是以画面平衡为出发点。作为"二十四诸天"类壁画的典范,其在诸神和供养人的安排上,颇费思量,我们画出表1-4就一目了然:

**表1-4　报恩寺万佛阁二层"金光明道场"壁画人物分布**

| 大梵天王 大功德天 | 北方多闻天王 | 密迹金刚 | 韦驮天 | 菩提树神 | 坚牢地神 | 摩利支天 | 月天 | 两护法金刚 | | | | | 北壁 |
|---|---|---|---|---|---|---|---|---|---|---|---|---|---|
| | | | | | | | | 东方持国天王 | 雷公 | 紧那罗天 | 供养人 | | |
| | | | | | | | | | | | 六贵人 | 三番人 | |
| 佛 | | | | | | | | | | | | | |
| 大辩才天 帝释天 | 南方增长天王 | 散脂大将 | 东岳大帝 | 鬼子母 | 摩醯首罗天 | 日天 | 紫微大帝 | 西方广目天 | 阎摩天 | 娑竭罗龙王 | 七僧人 | 三俗人 | 南壁 |
| | | | | | | | | | | | 僧俗供养人 | | |
| | | | | | | | | 两护法金刚 | | | | | |
| 西　铺 | | | | | | | | 东　铺 | | | | | |

为形成系统资料,特将诸天形象单独列出(图1-56至图1-61)。

图1-56　大功德天、大辩才天、大梵天、帝释天

图1-57　北方多闻天王、东方持国天王、南方增长天王、西方广目天王

图1-58　密迹金刚、散脂大将、韦驮、东岳大帝

### （四）南北廊庑壁画"释迦源流图"

明代佛寺在廊庑画壁画的传统由来已久，如青海瞿昙寺的廊庑壁画（图1-62）。在报恩寺第三进院落的南北两侧有34间廊庑，据《敕修大报恩寺继葺碑铭》载：报恩寺"正殿绘十二圆觉，殿后塑观音大士，两庑绘释氏源流并圣僧罗汉"。这些绘于明正统十一年（1446）的壁画于500多年后的1953年被毁绝。我们可以参考青海瞿昙寺的廊庑壁画想象当年报恩寺廊庑壁画的辉煌。

图1-59　菩提树神、鬼子母、坚牢地神、摩酰首罗

图1-60　摩利支天、日天、月天、紫微大帝

报恩寺壁画是龙州宣抚司土官金事王玺、王鉴父子用来祝延圣寿的。宣抚司类似现在的民族自治州,境内民族为藏、羌、回、汉等。土官金事相当于自治州的副州长。他们一方面以军力压制,一方面"崇儒奉释",将忠君爱国与慈悲佛法"普化颛蒙,而詟残暴"(见

图1-61 雷神、阎摩罗王、紧那罗、娑竭罗

图1-62 青海瞿昙寺的廊庑壁画

报恩寺碑铭）①结合起来，统治民族混杂的土司地方。平武报恩寺的修建，存在对于中央皇权的模仿和僭越，因此施工规格非常高，留下了号称"深山的皇宫"的建筑，也留下了宫廷画工的精湛技艺，成为佛教文化遗存中耀眼的瑰宝。

### 三、蓬溪宝梵寺明代壁画

宝梵寺位于四川遂宁市蓬溪县宝梵乡，始建于北宋，以"罗汉院"名。明正统二年（1437），海舟和尚率徒进驻此地。景泰元年（1450），海舟率清字辈徒众和净字辈孙众等——计门徒、师孙、修造徒、造瓦僧、助缘僧等20余人，逐步培建起大雄殿、观音阁，增塑佛、菩萨像。成化二年（1466），海舟的弟子们分工培修佛寺：清澄偕徒净元等再建经楼、左右廊庑、山门等；昆仲净瑄、净勋、净印等，染塑诸罗汉，彩绘令海内外学者赞誉不已的《西方境》壁画。②

走进宝梵寺大雄宝殿，抬头可见穹顶绘有64幅《西游记》藻井连环画，约53平方米（图1-63），绘制时间推为明代，画面多数漶漫不清，但对研究《西游记》的学门应该有重要的文献价值。

环视大雄宝殿四壁，有仙画之誉的《西方境》赫然映入眼帘。原作共十二铺，计约916平方米。现存十铺，所缺为北壁东侧一铺、南壁西侧一铺。除南壁东侧一铺为清代补绘外，其余九铺均为明代成化二年前后所制。这九铺明代壁画，每幅纵高约为3.6米，横宽随墙柱结构被分割为2米至4米不等，总面积约84平方米。画面配置经营遵循一定规律，

图1-63　《西游记》藻井画之"寿星解厄"

---

①　向远木：《平武报恩寺》，四川人民出版社，1992年，第85页。
②　据《宝梵院显公修造碑》、明谭缵《宝梵寺修造记》和《宝梵寺大雄宝殿梁架明景泰元年（1450）墨书题记》。参见范丽娜：《蓬溪宝梵寺明代壁画罗汉图像考察》，《故宫博物院院刊》2011年第4期，第67—69页。

描绘了诸佛、药师、弥勒、达摩、十六罗汉、二十四诸天及僧俗人物等，共95尊，难能可贵的是，现存可辨认题记十二处，"形成一个次序井然的图像系统"，[①]是我国古代传统道释壁画中上乘的精品妙作。

本书将大殿内壁画分12铺，左起北壁东侧第1铺至南壁西侧第12铺止。壁画分三个层次：

一、第1至第4铺以佛界传灯救度为主题；

二、第2至第10铺乃十六罗汉住世，二十四诸天护法；

三、最后两铺，《南天仙子西游》为清代补绘，而《雷音缥缈》新中国成立前已毁。笔者推测，最后两铺应对称构图，原绘《天龙八部》。

为系统理解《西方境》，现按佛（图1-64至图1-66）、罗汉（图1-67至图1-78）、诸天（图1-79至图1-93）的神祇主题元素列图说明。

图1-64　2药师说法

图1-65　3弥勒大成

图1-66　4菩提达摩

① 范丽娜：《蓬溪宝梵寺明代壁画图像综合分析》，《故宫博物院院刊》2011年第5期，第81页。

图1-67　5禅定青狮

图1-68　6嘉赏白象

图1-69　7宝聚龙翔

图1-70　8调伏老虎

图1-71　9扶杖问难　　　　　　　　图1-72　10托螺参法

　　而且，我们对宝梵寺壁画十六罗汉布局称名总结图表（表1-5）如下，方便读者参观时对照辨识：

表 1-5　宝梵寺壁画订名和罗汉尊格整理图

| 壁画订名 | | 壁画订名 | |
|---|---|---|---|
| 2 药师说法 | | 1 空壁 | |
| 4 菩提达摩 | | 3 弥勒大成 | |
| 6 嘉赏白象 | | 5 禅定青狮 | |
| 8 调伏老虎 | | 7 宝聚龙翔 | |
| 10 托螺参法 | | 9 扶杖问难 | |
| | | | |

| 罗汉尊格 | 铺 | 铺 | 罗汉尊格 |
|---|---|---|---|
| 右二迦诺迦伐蹉<br>中四苏频陀<br>左六跋陀罗 | 6 嘉赏白象 | 5 禅定青狮 | 左一宾度罗跋罗惰阇<br>中三迦诺迦跋厘惰阇<br>右五诺矩罗 |
| 右八伐阇罗弗多罗<br>中十半托迦<br>左十二那伽犀那 | 8 调伏老虎 | 7 宝聚龙翔 | 左七迦理迦<br>中九戍博迦<br>右十一罗怙罗 |
| 右十四伐那婆斯<br>左十六注荼半托迦 | 10 托螺参法 | 9 扶杖问难 | 左十三因揭陀<br>右十五阿氏多 |

图1-73　一宾度罗跋罗惰阇、三迦诺迦跋厘惰阇、五诺诅罗

图1-74　二迦诺迦伐蹉、四苏频陀、六跋陀罗

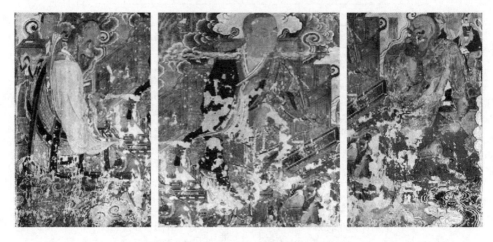

图1-75　七迦理迦、九戌博迦、十一罗怙罗

图1-76　八伐阇罗弗多罗、十半托迦、十二那伽犀那

图1-77　十三因揭陀、十四伐那婆斯、十五阿氏多

图1-78　十六注荼半托迦

另外，在第3至第10铺壁画中，画面上方共绘二十位天人，以祥云与下方主像间隔，其中，第3、4、9、10铺近角隅一侧，分别配置天王一尊。此型制是明代壁画中流行的护法二十四诸天，如表1-6所示。

图1-79　北方多闻天、南方增长、东方持国天、西方广目天

**表1-6 宝梵寺壁画二十四诸天尊格整理表（注：表中左、右系指壁画中的方位）**

| | | | |
|---|---|---|---|
| 左上：第二天帝释天<br>右上：第十天大辩才天<br>右下：第三天北方多闻天王 | 4菩提达摩 | 3弥勒大成 | 右上：第十一天大功德天<br>第一天大梵天<br>左下：第四天东方持国天王 |
| 左上：第十三天坚牢地神<br>右上：第二十二天紫微大帝<br>第十五天鬼子母 | 6嘉赏白象 | 5禅定青狮 | 左上：第十八天月宫天子<br>第十六天摩利支天<br>右上：第十二天韦驮<br>第十四天菩提树神 |
| 左上：第八天大自在天（摩醯首罗天）<br>第二十一天紧那罗天<br>右上：第九天散脂大将 | 8调伏老虎 | 7宝聚龙翔 | 右上：第七天密迹金刚<br>第十七天日宫天子 |
| 左上：第二十四天雷神<br>第二十天阎摩罗王<br>左下：第六天西方广目天王 | 10托螺参法 | 9扶杖问难 | 右上：第二十三天东岳大帝<br>第十九天娑竭龙王<br>右下：第五天南方增长天王 |

图1-80 宝梵寺大功德天　　　　图1-81 宝梵寺大梵天

图 1-82 辩才天、须弥山与帝释天

图 1-83 月宫天子、摩利支天　　　　图 1-84 菩提树神、韦驮

图 1-85 坚牢地神　　　　图 1-86 紫微大帝、鬼子母

图1-87 密迹金刚、日宫天子　　　　　　　　　图1-88 大自在天

图1-89 紧那罗天　　　　　　图1-90 散脂大将

图1-91 东岳大帝、娑竭罗龙王　　　图1-92 阎摩罗王　　　图1-93 雷神

在《西方境》上方搭配绘制有《二十四佛》栱眼画（图1-94），原来有十一幅，现存九幅，按栱眼大小，分别绘三佛、二佛或一佛，共二十四尊。每幅卷面纵高约0.8米，横向宽度1.4米至3.1米不等，共13.62平方米，绘制技法为水墨淡彩法，各尊佛像结跏趺坐，手印姿态各异。

图1-94　栱眼二十四佛局部

## 四、蓬溪慧严寺明代壁画

按横梁题记，位于四川省遂宁市蓬溪县金桥乡过军坝村的慧严寺，由当地乡民集资兴建于明正统十二年（1447）。

慧严寺壁画就绘在艰难保留下来的大雄宝殿东西二壁，属明代末期二十四诸天主题作品，其佛教艺术史价值不言而喻（图1-95）。

图1-95　慧严寺入殿门左侧（右侧）壁画

慧严寺壁画已露出部分共17.4平方米，被殿柱间隔为5段。入殿左壁（西壁）2铺：外侧长墙（5.02米）绘8尊，里侧短墙（1.1米）绘2尊；入殿右壁（东壁）绘3铺：外侧短墙（1米）绘2尊，中间长墙（5.07米）绘8尊，里侧短墙（1.1米）绘2尊。两壁现在总计清理出22尊神祇，[①]文物部门赋名为《仙天朝贡》（图1-96至图1-106）。综合以上因素，笔者草绘了慧严寺壁画诸神分布图，见表1-7。

---

① 由于破"四旧"，慧严寺壁画被善良人敷涂上一层石灰，不期竟保护了下来。2003年前后，壁画渐渐隐现，守寺人遂用抹布蘸水将壁画清洗出来。虽然壁画受损严重，但其能面世已属万幸。

表 1-7　慧严寺壁画诸神分布图

| | 1空 | 2缺 | 3 | 4 | 5 | 6 | 7 | 8 | 9 | 10 | 11 | 12 |
|---|---|---|---|---|---|---|---|---|---|---|---|---|
| 西壁 | 推广目天王 | 推婆竭罗龙王 | 大辩才天 | 鬼子母神 | 月宫天子 | 密迹金刚 | 帝释天 | 吕洞宾 | 电母秀天君 | 大自在天 | 紫微大帝 | 北方多闻天王 |
| | 1 | 2 | 3 | 4 | 5 | 6 | 7 | 8 | 9 | 10 | 11 | 12 |
| 东壁 | 东方持国天王 | 东岳大帝 | 摩利支天 | 散脂大将 | 日宫天子 | 韦驮天 | 大梵天 | 待定 | 雷公江天君 | 待定 | 阎摩罗王 | 南方增长天王 |

慧严寺壁画不是唐宋以来主流的沥粉贴金工笔重彩手法,而是水墨线条为骨,分染晕染罩染生动,造型传神,塑造厚重的工兼写的风格,是民间画工的典型画作,为不可多得的艺术史料。

图1-96　北方多闻天王、南方增长天王、东方持国天王

图1-97　东2东岳大帝　　　　　图1-98　鬼子母神、散脂大将

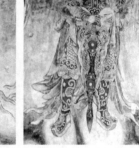

图1-99　日宫天子、月宫天子　　　　　图1-100　密迹金刚、韦驮天

图1-101　大梵天、帝释天

图1-102 东8待定（水天）、吕洞宾、蓬溪定香宫吕祖像

图1-103 东9雷公江天君 西9电母秀天君 图1-104 阎摩罗王 紫微大帝

图1-105 摩利支天 大辩才天

图 1-106　东 10 待定　　　　西 10 大自在天

### 五、剑阁觉苑寺壁画

　　觉苑寺位于四川省剑阁县武连镇，给人一种怀旧悠远的感觉。它曾是赫赫有名的古剑门蜀道上迁客骚人、商贾行旅必经的梵刹。

　　由《剑阁县续志》，以及觉苑寺内唐石柱灯台铭文和明石雕香炉铭文等文献，可知觉苑寺在唐元和年间（806—820）称名"弘济寺"，北宋元丰年间（1078—1085）才"赐名觉苑"。元末战乱，该寺毁绝，至明代重修。据清代佟芝铭《重修觉苑寺记》，明代天顺至弘治年间（约1457—1505），净智、道芳师徒对觉苑寺"重新殿宇，奉佛祖像，并绘释迦年谱于壁"。[①]所谓"释迦年谱"就是现在大雄宝殿所见之佛传故事壁画。

　　觉苑寺大雄宝殿内以16根壁柱相间，将佛传壁画分为十四铺，东、北、西三面各绘4铺，南壁大门两侧各绘1铺（表1-8）。这些壁画描绘独立意义的画面205幅，包含着209个佛传故事。

　　如何识别画幅以及其中的故事呢？要从理解觉苑寺佛传壁画的布局匠心入手。

　　从横向看，第1和第14铺壁画为从上到下安排两行画面，其余壁画皆为从上到下安排五行画面。

　　从纵向看，第2、5、6、7、8、9、10、13铺壁画安排三列画面，第3、4、11、12铺壁画安排四列画面。

　　具体识别释迦生平故事的路线顺序为：第2铺从右上始，竖列向下，"之"字形展开，至左下结束；第14铺是按左上至右下的顺序"之"字形展开；其余壁画大多是从右下始，横排向左，"之"字形展开，至左上结束。但第9铺左列为三行，第10铺左列为四行（表1-9）。

　　面积达128.07平方米的觉苑寺壁画，因与明代报恩寺比丘宝成编撰的《释迦如来应

---

① 龙显昭主编：《巴蜀佛教碑文集成》，巴蜀书社，2004年，第794页。

化录》和《释氏源流》图谱如出一辙,而且画工高超,保存完美,成为全国仅有的尊摩梵典,体系完整的佛传故事壁画,其佛教艺术文化价值不可限量。

鉴于此,剑阁觉苑寺佛传壁画可定名《释氏源流》(图1-107至图1-120)。

**表 1-8　觉苑寺大雄宝殿佛传壁画分布图**
1 ～ 14 为壁画编号

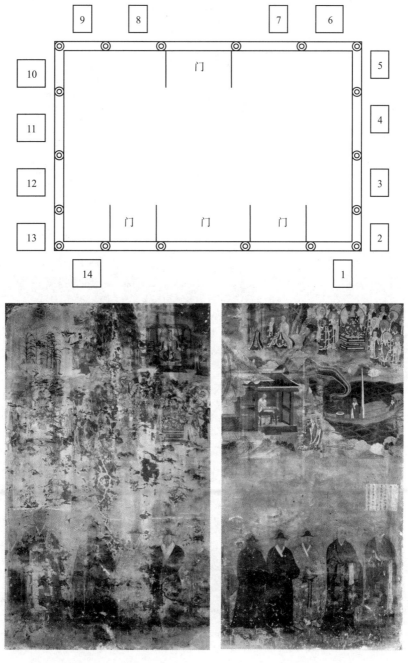

图1-107　第1铺壁画全景　　　　　图1-108　第14铺壁画全景

图1-109　第2铺壁画全景

图 1-110　第 3 铺壁画全景

图 1-111　第 4 铺壁画全景

图 1-112　第 5 铺壁画全景

图 1-113　第 6 铺壁画全景

图 1-114 第 7 铺壁画全景

图 1-115 第 8 铺壁画全景

图 1-116 第 9 铺壁画全景

图 1-117 第 10 铺壁画全景

图1-118 第11铺壁画全景

图1-119 第12铺壁画全景

图1-120 第13铺壁画全景

表1-9    第1铺

| | |
|---|---|
| 4 瞿昙贵姓。该图与《释氏源流》成化版和嘉靖版,《释迦如来应化事迹》皆不同。该图由"瞿昙贵姓""咒成男女"结合。 | 3 上托兜率。 |
| 2 壁画没有记名,应为《释氏源流》中"如来因地"。在《释迦如来应化录》中为"买花供佛"。 | 1 最初因地。该图与《释氏源流》"释迦垂迹"异。同151般若真空。 |
| 供养人及僧侣像。 | |

表1-9    第2铺

| | | |
|---|---|---|
| 15 讲演武艺。其构图被调整。 | 10 大赦修福。该图《释氏源流》中没有。在《释迦如来应化录》中存在。 | 5 净饭圣王。 |
| 16 太子灌顶。改变了背景。 | 11 姨母养育。 | 6 摩耶托梦。 |
| 17 游观农务。 | 12 往谒天祠。 | 7 树下诞生。 |
| 18 诸王捔力。从中可以看见工匠作粉本用的是拼凑粘贴之法。 | 13 园林嬉戏。其构图被调整。 | 8 从园还城。 |
| 19 悉达纳妃。 | 14 习学书数。 | 9 仙人占相。 |

表1-9    第3铺

| | | | |
|---|---|---|---|
| 39 禅河澡浴。图乃《释氏源流》中的反转。 | 38 牧女乳糜。 | 37 远饷资粮。 | 36 六年苦行。图乃《释氏源流》中的反转。 |
| 35 调伏二仙。图乃《释氏源流》中的反转。 | 34 劝请回宫。图乃《释氏源流》中的反转。 | 33 诘问林仙。减少一人。 | 32 车匿还宫。 |
| 31 车匿辞还。与金刀落发是反转形。 | 30 金刀落发。图乃《释氏源流》横构图改为竖构图。 | 29 夜半逾城。图乃《释氏源流》的反转。并做了调整,更辉煌。 | 28 初启出家。 |
| 27 耶输应梦。 | 26 得遇沙门。 | 25 路睹死尸。 | 24 道见病卧。 |
| 23 路逢老人。 | 22 饭王应梦。 | 21 空声警策。其构图被调整。乃《释氏源流》的反转。 | 20 五欲娱乐。图乃《释氏源流》的反转。 |

表1-9    第4铺

| | | | |
|---|---|---|---|
| 59 四王献钵。 | 58 林间宴坐。 | 57 龙宫入定。 | 56 观菩提树。 |
| 55 华严大法。 | 54 诸天赞贺。 | 53 成等正觉。 | 52 菩萨降魔。 |
| 51 魔子忏悔。 | 50 地神作证。 | 49 魔众拽瓶。 | 48 魔军拒战。 |
| 47 魔女炫媚。 | 46 魔子谏父。 | 45 魔王得梦。 | 44 坐菩提座。 |
| 43 龙王赞叹。 | 42 天人献草。 | 41 诣菩提场。 | 40 帝释献衣。 |

表 1-9　第 5 铺

| | | |
|---|---|---|
| 74 请佛还国。 | 73 假孕谤佛。 | 72 迦叶求度。 |
| 71 领徒投佛。 | 70 竹园精舍。 | 69 弃除祭器。 |
| 68 急流分断。 | 67 降伏火龙。 | 66 耶舍得度。 |
| 65 船师悔责。乃《释氏源流》的横构图改成竖构图。 | 64 仙人求度。画上原题"先人求度",应为匠人误写。 | 63 度富楼那。 |
| 62 转妙法轮。 | 61 梵天劝请。 | 60 二商奉食。 |

表 1-9　第 6 铺

| | | |
|---|---|---|
| 89 敷宣戒法。 | 88 初建戒坛。 | 87 佛救尼犍。 |
| 86 持剑害佛。 | 85 降伏六师。 | 84 佛化无恼。 |
| 83 申日毒饭。 | 82 月光谏父。与 83 合成构图。 | 81 渔人求度。 |
| 80 玉耶受训。 | 79 布金买地。 | 78 须达见佛。 |
| 77 罗睺出家。 | 76 度弟难陀。 | 75 认子释疑。 |

表 1-9　第 7 铺

| | | |
|---|---|---|
| 104 丑女改容。与贫公见佛一样的墙。 | 103 老人出家。 | 102 贫公见佛。保留《释氏源流》的造像方式。 |
| 101 佛化卢志。 | 100 张弓害佛。 | 99 调伏醉象。 |
| 98 阿难索乳。 | 97 化诸淫女。 | 96 降伏毒龙。 |
| 95 度诸释种。图乃《释氏源流》的反转。 | 94 佛留影像。 | 93 为王说法。 |
| 92 再还本国。 | 91 度跋陀女。 | 90 姨母求度。 |

表 1-9　第 8 铺

| | | |
|---|---|---|
| 119 谈乐佛至。与经文四比丘不符。 | 118 说苦佛来。 | 117 老乞遇佛。 |
| 116 贷钱办食。 | 115 嘱儿饭佛。 | 114 劝亲请佛。 |
| 113 老婢得度。《释氏源流》该图翻版。 | 112 盲儿见佛。《释氏源流》该图翻版。 | 111 因妇得度。 |
| 110 见佛生信。 | 109 火中取子。 | 108 白狗吠佛。 |
| 107 恶牛蒙度。漂亮的风俗画。 | 106 鹦鹉请佛。漂亮的花鸟画。 | 105 夫人满愿。 |

表 1-9　第 9 铺

| | | |
|---|---|---|
| 132小儿施土。已残。 | 131鬼母寻子。 | 130金刚请食。 |
| 127施食缘起。变《释氏源流》中横图为竖构图。 | 129佛救婴儿。 | 128目连救母。 |
| | 126度除粪人。 | 125救度贼人。 |
| 124佛化丑儿。乃《释氏源流》该图的反转。 | 123度捕猎人。 | 122度网渔人。 |
| | 121佛度屠儿。 | 120祀天遇佛。 |

表 1-9　第 10 铺

| | | |
|---|---|---|
| 146文殊问疾。 | 145维摩示疾。 | 144胜光问法。 |
| | 143佛赞地藏。 | 142天龙云集。 139说咒消灾。 |
| 141龙宫说法。 | 140证明说咒。 | |
| 138衣救龙难。 | 137施衣得记。 | 136造幡供佛。 |
| 135燃灯不灭。 | 134采花献佛。 | 133杨枝净水。已残。 |

表 1-9　第 11 铺

| | | | |
|---|---|---|---|
| 166付嘱龙王。 | 165付嘱诸天。 | 164嘱分舍利。 | 163佛指移石。 |
| 162请佛入灭。 | 161姨母涅槃。 | 160浴佛形像。 | 159最初造像。 |
| 158为母说法。 | 157佛救释种。 | 156殡送父王。 | 155佛还觐父。 |
| 154饭王得病。 | 153法华妙典。 | 152付嘱国王。 | 151般若真空。同1最初因地。 |
| 150楞严大定。 | 149圆觉三观。 | 148楞伽说经。 | 147金鼓忏悔。 |

表 1-9　第 12 铺

| | | | |
|---|---|---|---|
| 186金棺自举。 | 185金棺不动。 | 184佛从棺起。 | 183佛母散花。 |
| 182升天报母。 | 181佛母得梦。 | 180金刚哀恋。 | 179双林入灭。 |
| 178应尽还源。 | 177造塔法式。 | 176茶毗法则。 | 175临终遗教。 |
| 174最后垂训。 | 173如来悬记。 | 172佛现金刚。 | 171度须跋陀。 |
| 170纯陀后供。 | 169魔王说咒。 | 168天龙悲泣。 | 167请佛住世。该图与"最后垂训"互为反转形。并非《释氏源流》"请佛住世"之图。 |

表1-9　第13铺

| 201提婆凿眸。该图在《释氏源流》中没有。在《释迦如来应化录》中存在。 | 200龙树造论。 | 199马鸣辞屈。 |
|---|---|---|
| 198蜜多持幡。 | 197鞠多筹算。 | 196商那受法。 |
| 195迦叶入定。入定用山石表现,有文人画风采。 | 194迦叶付法。此图比例不当,盖因《释氏源流》图为横图,现改为竖图所致。工匠增减时较随意。 | 193育王得珠。 |
| 192育王起塔。 | 191结集法藏。 | 190均分舍利。 |
| 189圣火自焚。 | 188凡火不然。损毁严重。 | 187佛现双足。损毁严重。 |

表1-9　第14铺

| 202神僧应供。 | | 203师子传法。 |
|---|---|---|
| 204达摩悉来。 | | 205译经传法。 |
| 供养人及僧侣像。 | | |

# 第三节　像教——民俗生命意识的融入

生命意识是人类与生俱来的关于生命的观念。生命从何而来?生命价值何在?生命能否永恒?……对于诸如此类问题的探索,构成了生命意识的基本内容。从民俗文化学的角度认知,生命意识体现于精英文化,也体现于民俗文化,并在民俗事项中隐显。

但是,宗教文化与其他精英文化、民俗文化不同。拿佛教来说,它的组织系统和认知系统可以独立于世俗社会生活之外。故而宗教艺术不同于一般的世俗艺术,前者有着较为严格的仪轨和限定的内涵,美由规矩限定并生发而来,后者的美则体现于自由创造,亲近大众审美趣味。

但宗教艺术世俗化的趋势,在其流布的进程中一直没有停息过。自汉代佛教传入以来,史书就有记载:朝廷派使者或僧人西天求取画样。大约从唐代开始,尤其是宋代以降,佛教艺术世俗化进程加剧,使得人们在对"求实""自由"创作的审美获得满足感的同时,也一点点失去了宗教艺术原始的庄严和超然,佛教艺术的魅力也在不断被消解为平庸粗糙的观感。而且,从大众接受的角度看,佛家讲普度众生,随缘而度化,因此,佛教艺术天然要被信众品评内化,在这个过程中,世俗化的误读与悟读成为一种常态。这其中,就蕴含着佛教艺术民俗生命的课题。

　　佛教有"像教"之称,它把艺术形式的宣教作为重要的传播手段。四川明代佛寺壁画的首要艺术功能就是宣教。

　　公元前6世纪,佛教在古印度被释迦及其弟子们所创立。从未经考古资料证实的记载来看,佛陀在世时就对弟子舍利弗口述了《佛说造像量度经》。佛陀时代出现了两类佛教造像:平面画像,中天竺摩揭陀国国王瓶沙王派画工写生中年佛陀像送给友人;立体造像,憍赏弥国国王优填王在释迦上忉利天为母说法时因为思慕释迦而以旃檀木摹写释迦瑞象。所以,从佛教造像之初就蕴含着世俗的情感。

　　在考古科学的视角下,公元前3世纪出现的佛教艺术,是一种缺失佛陀人格化形象的抽象崇拜,"佛陀"通常是以象征性图像的方式呈现,如莲花、马、菩提树、莲花座或脚印、法轮,分别对应佛陀生平的某一重要传说,即佛诞七步生莲、骑马逾城出家、佛陀成道、佛陀存在、佛陀讲法。这是因为,当时人们的生命意识还以神性为参照,他们认为伟大智慧的佛陀不能以人格形象表达,否则是一种亵渎和不敬。

　　公元1世纪,犍陀罗地区产生了最早的"希腊—印度式佛像"。这是一种文化融合的产物,与犍陀罗地区处于西亚与印度交汇处的地理环境的影响分不开,工匠参考了古希腊造像的完美法则。另外印度本土造像样式在马图拉地区也出现了,工匠依据古印度健硕、富有、智慧的中年男子形象进行雕刻,即所谓的"三十二种大人相"。据四川大学李翎教授研究,佛教艺术常说的"三十二相"并非佛教原创,它植根于古印度传统文化对理想化成熟男子的一种集体意识的归纳总结。所以这意味着造像的神圣法则与民俗民间的审美理想期待达成了共识。

　　正如佛教成住坏灭的教义揭示了世界永恒变动的本质,印度佛教造像也是随着历史发展、审美意识和造像范式的变化而不断整合,到5、6世纪的笈多时代才基本样式化,身姿、标识和手印逐渐稳定下来。但佛教造像内部形式的稳定,并不能阻止世俗力量对其进行异化的认知或挪借。

　　佛教自公元初进入中国。历史表明,引入用以宣教的佛教艺术,是离不开精英贵族的影响力的。据文献记载,汉明帝刘庄(28—75)"夜梦金人",有大臣告诉他西方有神名佛,与其梦中金人很像。于是汉明帝派人"问其道术,遂于中国而图其形象焉"。[①]南齐王琰《冥祥记》亦载:"(汉明帝)于是发使天竺,写致经像,表之中夏。自天子王侯,咸敬事之……初,使者蔡愔,将西域沙门迦叶摩腾等赍优填王画释迦佛像;帝重之,如梦所见也。乃遣画工图之数本,于南宫清凉台及高阳门显节寿陵上供养。又于白马寺壁,画千乘万骑绕塔三匝之像,如诸传备载。"[②]这些记载传达出四层意思:

　　第一层意思是大臣知道"佛",他类比为中国的"神"。关于这一点,据晋代陈寿撰《三国志·魏书·东夷传》注引鱼豢撰《魏略·西戎传》载:"昔汉哀帝元寿元年,博士弟子景卢受大月氏王使尹存口授《浮屠经》。"[③]这说明佛教至迟在公元前2年就在中国流播了。

---

①　(晋)袁宏撰,周天游校注:《后汉纪校注》,天津古籍出版社,1987年,第277页。
②　赵玲编:《印度秣菟罗早期佛教造像研究》,上海三联书店,2012年,第25页。
③　(晋)陈寿撰,(南朝宋)裴松之注:《三国志》卷三十,陈乃乾校点,中华书局,1982年,第859页。

　　第二层意思是汉代对"梦"的征兆很重视。第三层意思是将佛教教义与"道术"的概念相混淆。第二、三层意思跟东汉时皇室崇信黄老和神仙方术有关,佛教教义与黄老之学、释迦牟尼与老子、佛教斋忏仪式与祠祀皆可相互比拟。《后汉书·楚英王传》载"楚王(笔者注:刘英)诵黄老之微言,尚浮屠之仁祠",[①]致使汉明帝下免罪诏书承认佛教合法化,汉桓帝则铸佛像与老子像并列供奉。这些情况表明,佛教自引入中国之始就浸染了本土文化与信仰的光辉。

　　第四层意思,就是佛教造像(雕塑和绘画)是帝王推动引入民间的文化工程,佛寺壁画见诸记载最早在河南洛阳白马寺。

　　至魏晋南北朝时期,佛寺大兴,佛寺壁画创作繁荣,出现了曹不兴、卫协、戴逵、张墨、顾恺之、陆探微、张僧繇、杨子华、曹仲达等名家圣手,他们一方面接受"西国佛画仪范写之",[②]一方面"改梵为夏",创造出符合本民族审美意识的图式。前者如曹不兴,被誉为"佛画之祖";张僧繇吸收中印度壁画明暗凹凸法,创面短而艳的"张家样";曹仲达吸收印度笈多样式创作,史称"曹衣出水"。后者有陆探微的"秀骨清像",为"魏晋风度"的代表艺术样式之一。

　　上述画家的佛寺壁画作品已经湮没在历史之中,现在我们可以通过敦煌莫高窟这样的世界殿堂级佛教艺术遗存来感知当年作品的开放气象。在精美的壁画中,我们不仅可以看到佛传、说法、本生故事等传统的佛教艺术题材,还有伏羲、女娲等中国古代神话传说和民族民间信仰的形象符号,加上对百姓生活图景的细致传达,以及运用笔墨线描、重彩等中国画表现形式,让敦煌莫高窟壁画传递出丰厚的民族文化传统和艺术特色,成为中国传统绘画艺术的典范。

　　从出土文物看,四川佛教造像艺术在东汉晚期就出现了,如乐山麻浩崖墓佛像(目前学界还存有质疑)。佛寺壁画也出现很早,如刘宋(421—479)末年,河西金城(陕西南郑)名僧玄畅从荆州西行到成都大石寺,绘金刚密迹等十六神像;唐道宣《续高僧传·益州多宝寺猷禅师传》载,在北周时期(557—581),"益州多宝寺猷禅师者……房后院壁图九想变……忽一夜风雨盛,画壁廊倒。"[③]黄休复《益州名画录》卷下《胡氏亭画记》载,以《游春图》传世的隋代画家展子虔曾入蜀在福胜祠画《天乐》二十五身,唐宰相薛稷也在成都静德精舍画过壁画二堵。[④]

　　四川佛寺壁画在隋唐、五代、两宋都比较发达。有唐一代,中国迎来佛寺壁画创作的高潮,据记载,唐代二百多位知名画家中,就有一百八十多名参加过壁画的绘制,还有无数不知名的民间画工,在神州大地默默耕耘描绘。唐代早、中期佛寺壁画艺术中心在长安、洛阳。阎立本兄弟的魏晋遗风,尉迟乙僧的域外梵相,民间画工之祖吴道子的"吴带当风",张萱、周昉的水月观音,成为盛唐华美丰腴的时代审美标志……段成式《寺塔记》

---

① (南朝宋)范晔撰,(唐)李贤等注:《后汉书》卷四十二,中华书局,1965年,第1428页。
② (宋)郭若虚撰,吴企明校注:《图画见闻志校注》卷一《叙论·论曹吴体法》,上海书画出版社,2020年,第64页。
③ (唐)道宣:《续高僧传》卷二十五,《大正藏》第50册,第657页。
④ (宋)黄休复等:《益州名画录》,四川人民出版社,1982年,第123页。

载，"翊善坊保寿寺有先天菩萨帧，本起成都妙积寺"，[①]表明成都中唐时期的佛寺壁画对长安发生过影响。

晚唐的佛寺壁画艺术中心，随着唐天宝十五年（756）唐玄宗入蜀避安禄山之祸以及唐广明元年（880）唐僖宗幸蜀避黄巢之难，大批画家随之入蜀，而转移到了成都，如薛稷、吴道子、卢楞伽、辛澄、赵公祐赵温奇父子、张腾、范琼、陈皓、彭坚、常粲常重胤父子、吕嶤、竹虔、张询、滕昌祐、孙位、张南本、刁光胤、张询等，他们带来壁画粉本，创作不辍，教授弟子，打破了吴道子一家独大、全才通吃的格局，而且本土画家也在成长，如李洪度、左全、李升等，为唐以后蜀地壁画艺术的繁荣奠定了坚实的基础，最终形成了四川唐、宋壁画艺术的辉煌。据载，蜀人画家麻居礼，"幼师张南本笔法，亲得其诀，光化天福年声迹已喧，资、简、邛、蜀州寺观壁画甚多"。[②]可见一个画家的创作轨迹辐射面是很大的。北宋李之纯《大圣慈寺画记》、范成大《成都古寺名笔记》、黄休复《益州名画录》都记录着彼时佛寺壁画的辉煌。另外，《彭州张氏画记》中北宋画竹名家文同说："蜀自唐二帝西幸，当时随驾以画待诏者皆奇工。故成都诸郡寺宇所存诸佛、菩萨、罗汉等像之处，虽天下能号为古迹多者，画无如此地所有矣。后历二伪（指前蜀和后蜀政权）至国初，其渊源未甚远，故称绘事之精者，犹斑斑可见。"[③]言词对前后蜀政权有贬义，但前蜀主王建和后蜀主孟昶都嘉赏艺术，前者曾迁移保护中唐赵公祐在大圣慈寺所绘壁画，后者于明德二年（935）创建"翰林图画院"，培养画工，加之四川物产富庶，民生平和，都积极推动了佛寺壁画的创作。

跟魏晋南北朝时期本生故事较多不同，唐代四川佛寺壁画以经变画为主流，如《弥勒下生经变》《维摩诘经变》《降魔变》《西方变》《千手千眼大悲变》《地狱变相》《金光明经变相》等等。所谓经变，也称"变相"，就是佛教针对文盲较多的普罗大众进行宣教的艺术手段，用图像来解说艰深晦涩的经文。与经变画相配合，佛教寺院还借鉴民间口头文学的方式开展"俗讲"。说、唱、图的综合运用，其目的都是向更广大阶层的信众弘扬佛法。经变壁画一般情节丰富，在图解佛经的过程中，创造性地对人们熟悉的现实生活景象进行吸收转化，力图达到亲近无碍、移情投射的审美境界。

与此同时，描绘帝王、权贵、高僧大德的壁画，以及表现山水、花鸟题材的壁画也较多。如僧楚安在成都大圣慈寺的《明皇幸华清宫避暑图》、成都梵安寺的《冀国夫人像》、成都圣寿寺的《峨眉山》《花竹芭蕉》等，表明画家创作壁画的题材是多样的。

五代前、后蜀佛寺壁画沿袭唐代传统，四川本地画家已经成为创作生力军。据文献记载，四川五代时期有画坛高手39人，其中成都27人，汉州5人，简州3人，邛州2人，蜀州和眉州各1人，在地域分布上形成众星拱月的格局。当时，西蜀画家的作品，如杜龇龟父子的佛像罗汉、阮惟德的川样美人、黄筌父子的花鸟画等，受到江南和中原达官显贵、富商巨贾的追捧，这些标杆榜样刺激了西蜀画家的创作热情。由于战乱在人们心中留下的阴影，《阎罗王授记经》《地藏十王经变》《地藏菩萨六道轮回图》等，以及罗汉画成为流行题材。

---

① （唐）段成式：《寺塔记》，秦岭云点校，人民美术出版社，1964年，第21页。
② （宋）黄休复等：《益州名画录》，第102页。
③ （明）杨慎：《全蜀艺文志》，刘琳校，线装书局，2003年，第1250页。

同时，在大圣慈寺等重要寺庙中，自中晚唐以来，皇亲国戚、功臣勋爵、文臣武将等人物肖像题材大兴。至于山水和花鸟画，由于本土画家的成熟，也经常见诸佛寺壁画中，如李升在大圣慈寺画的《汉州三学山图》等，表现本土风物已经成为一种情结。

后蜀被灭后，亡国权贵们纷纷捐钱财、土地给寺庙，以希冀宋朝统治者宽恕。宋太祖建隆元年（960）六月下诏书开始平复之前"三武一宗"灭佛"法难"，佛教势力增长，佛寺壁画也随之繁荣。宋灭后蜀时，黄筌黄居寀父子、高文进、袁仁厚、夏侯延裕等画坛圣手均随孟昶入汴京。宋太宗至宋真宗时，罗致南唐、西蜀和中原地区的壁画圣手汇聚开封，为大相国寺创作，形成宋代佛寺壁画新的中心。据郭若虚《图画见闻志》记载，四川参与大相国寺壁画创作的有：蜀人高文进（他与黄居寀的画风体制成为宋初画院的准则，持续影响近百年）、成都郫县人石恪、蜀郡新繁人王道真、蜀人沙门元霭等。还有蜀人赵长元，上嘉赏其能，由尚方彩画匠人直接升至图画院祗侯。这个时期民间画师逐渐增多，五代两宋成都府路有记载的画家108人，梓州路7人，利州路6人，夔州路2人。由于后蜀被灭，蜀地佛寺壁画创作脱离了皇室控制，同时，文人绘画思潮勃兴，民间绘画实践发展，山水花鸟题材的壁画不断涌现，如蒲永生在大圣慈寺画山水十堵。总之，从中晚唐到宋代，佛寺壁画世俗化转化进程不断加快，即使是佛教人物画，也更多的是观音、罗汉、祖师、高僧等与人们生活关联更紧密的神祇或人物。

到了南宋，由于战争（如川陕保卫战、抗蒙战争等）耗尽了财力物力，佛寺锐减，加上北宋中后期文人画思潮兴起，画家大多投入文人画创作中。尽管宋代四川佛寺壁画现今无存，但我们根据文献记载可以发现，不能轻易就判定那时佛寺壁画处于凋零状态。如孙知微在成都寿宁院，李文才在大慈寺，童仁益在天庆观等，僧令宗在成都大慈寺三学院并揭帝堂，黄居寀在圣兴寺新禅院，邓隐于牛头寺，王显道在三井观三宝院，李时泽在昭觉大殿……绘有壁画，繁荣气息依旧。只是宋蒙战争打断了四川佛寺壁画艺术的发展进程。这场战争灾难在以成都府为中心的蜀地绵延近半个世纪，[①]使四川人口总数从战前的大约1 295万，锐减至战后的大约80余万人，摧毁了古往繁华。而且，南宋皇族偏安浙江临安，政治经济、艺术文化中心再次发生迁移。蜀中衣冠士族多南迁湖南、湖北、江苏、江西、福建、广西等东南地区，"浙人得此遂成文献之府库，江南文风大盛，蜀反如鄙人矣！"[②]这些原因导致四川地区绘事在南宋凋零。

元代统治四川时间并不长，从1279年到1363年，计83年。元代罗寿在《成都赡学田记》中哀叹："成都自丙申荡于兵，文物泯尽。"[③]本留下罕有的汉传佛寺壁画在阆中永安寺中，可惜"文化大革命"时毁绝。

到了明代，明太祖朱元璋是和尚出身，后来的统治者也对汉传佛教予以扶植，加上经

---

① 南宋（1127—1279）是宋室皇族在江南建立的偏安政权。自宋理宗端平二年（1235）至宋帝昺祥兴二年（1279），四川处于蒙元战火。

② 刘咸炘：《推十书》，成都古籍书店，1996年。见"史学述林"卷五《重修宋史述意》。

③ （元）罗寿：《成都赡学田记》，《（正德）四川志》卷三十六。转引自粟品孝：《五代（前后蜀）两宋时期》，四川人民出版社，2011年，第531页。

济得以发展,这一时期中国佛寺壁画创作很兴盛,如北京法海寺壁画,河北石家庄毗卢寺、蓟县独乐寺、正定龙兴寺,山西灵石资寿寺,安徽歙县小溪院,云南丽江白沙琉璃殿等。四川地区也有大量明代佛寺壁画创作和遗存,但跟之前晚唐、五代、北宋时期的佛寺壁画有了很大区别:

首先,它回归到佛教艺术的传统题材,之前虚耗佛教精神的过度世俗化在这儿被截停和减缓,表现现实生活的帝王嫔妃、将相权贵、山水花鸟出现得很少,佛寺也从娱乐和交际的场所回归到庄严肃穆的样态;

其次,它回溯到盛唐的审美风尚中,强调遵循仪轨,依据唐宋留下来的或是从京师等文化中心流传过来的传统粉本和画样,进行壁画创作和绘制,而且题材聚焦十二圆觉、二十四诸天、天龙八部、善财童子五十三参、十六罗汉、佛传故事等;

再次,文人士大夫从壁画创作中抽离出来,进行纸本或绢本的文人画艺术创作,壁画成为"众工之事",民间画工成了四川明代佛寺壁画创作的主力。明朝工匠的轮班匠制,为社会上提供了大批可以独立于田地的自工匠,这就使营建的工匠来源有了保证。[①]

从半个世纪间四川不同地区佛寺壁画就发展出繁荣精美的状态,我们可以推想,当时四川的画工队伍也应该是数量庞大而且手艺高超的。

佛教造像以宣教,必须能与众生进行生命意识的共情,只有进入有缘众生的内心世界,才能种下善信的种子。我们看见佛教造像无论是在印度还是在中国,都不断在与世俗的激荡中因势而变。这种变通,其根本就是在造像中融入民俗生命意识,即将佛教轮回因缘的生命意识作为内核,以浮世的社会风气和生命需求作为选题的内因,以工匠精神对宗教信仰进行虔敬的审美张扬,在回答人们对生命迷茫问题的同时,以艺术的魅力润物无声。四川明代佛寺壁画,在生机勃勃的明代社会,极力摒弃晚唐、五代、两宋带来的奢靡浮华,以信仰的力量抚慰宋、元动荡带来的伤痛,是对四川先民积极生命意识的一种感应,也是对往昔劫难岁月的因缘进行一种无声的警醒,蕴含着美与信仰的丰厚价值。

## 第四节　存在——人神融融的生命主体意识

梁漱溟曾说:"中国文化最大之偏失,就在个人永不被发现这一点上。"[②]这是在他反思东西方如何理解人的"自由"这一课题后发出的感慨。其实,人追求"自由"就是在显化"生命主体意识"。自古及今,人们对这两个词内涵的探讨就从没有停息过,甚至在不同文化背景和发展路径中形成了不同的流与派。梁漱溟认为,在周孔礼教的伦理社会,一切都在"情"(行于家人父子之间者为情)之中被掩盖,"势"(集团与集团之间、集团与其

①　郭璇、戴秋思编著:《中国西南古建筑典例图文史料·平武报恩寺》,重庆大学出版社,2015年,第3页。
②　梁漱溟:《中国文化要义》,上海人民出版社,2005年,第221页。

分子之间者）的压抑强力则被化除不见了。举个例子，汉代有首乐府诗《上山采蘼芜》：

> 上山采蘼芜，下山逢故夫。长跪问故夫，新人复何如？新人虽言好，未若故人
> 姝……新人工织缣，故人工织素。织缣日一匹，织素五丈余。将缣来比素，新人不如
> 故。①

一个被休了的妻子跪在那个休她的丈夫面前，为辛勤付出得到"新人不如故"的"褒奖"而沾沾自喜，这是在"情"掩盖"势"的礼教伦理社会中，人失去自我没有尊严的悲哀表现。所以在礼教社会，这种个体生命价值总是屈膝于各种宏大的历史语境、意识形态之下，刺激人们希望借由宣扬普度众生的佛法能够弥补儒、道之偏，找到生命的立足点，直至达到生命的自由。

佛家讲"人圆佛即成"，②意即要先确立生命主体，防止将外在实有的器世界当成主体，从而消解生命的主体性。这是一种心物相待的关系。中国文化从某方面讲是特别强调"心性"的，舒展心性与禁锢心性，都需要解决自己和外物的关系。但"势"与"情"、"心"与"物"的冲突从来不是凭空出现的，这些对应的关系也并非有着界限严格的划分：如果物化但心性舒张，则得自由；虽然强调心性文明，可一旦心性被外物扭曲，则就会形成心性的桎梏。所以，梁漱溟发现人们的生命主体意识被埋没，而我们恰恰又是最讲究生命学问的国度，这种悖逆感让人不禁深思。

佛寺壁画题材的选择，是以跟善男信女对话，从而达到教而化之为目标的，自然注入了佛家对生命主体意识的理解。从人到神，出凡入圣，这些惊心动魄的蜕变，是一种人神融融的生命主体意识的反思与觉醒。佛寺壁画善于讲故事，以释迦、菩萨、善财童子等生命成就的方式为世人做榜样，从而形成自己对生命意识的体悟与介入方式。佛寺壁画还善于营造庄严与华丽的氛围，展示彼岸生命成就的伟大与殊胜，激发人们希冀生命重生与净化的意识，以及对生命轮回的关注。这样，佛寺壁画通过世俗图像，将人们的想象力投射到自身，然后顺着佛教教义的阐释与内化，逐渐将自己融合到修行的道路上。

## 一、道成肉身——释氏源流

研究佛传画（《释氏源流》）的发展史，要从两条线索着手：一是佛传故事本体的发展传播史；二是相关造（图）像形式的艺术发展史。

记录佛陀生平事迹的典籍和著述，其宗教地位不言而喻。在佛教发展初期，释尊生平行迹的叙述分散在浩繁的经、律之中。后来不断有佛弟子整理连缀这些片段，形成了佛传经典，如古印度马鸣著《佛本行经》（也称《佛所行赞》）等。印度佛传故事传入中国后，带有中国文化意味的编纂和阐释也层出不穷，如梁代《释迦谱》（僧祐撰）、隋代《历代

---

① 丁福保编：《全汉三国晋南北朝诗·全汉诗卷三》，中华书局，1959年，第58页。
② 太虚：《即人成佛的真现实论》，《太虚大师全书》第二十五卷，宗教文化出版社、全国图书馆文献缩微复制中心，2005年，第377页。

三宝记》(费长房撰)、唐代《释迦如来成道记》(王勃撰)、宋代《佛祖统纪》(志磐撰)、元代《释迦如来行迹颂》(无寄撰)等等。明代僧宝成则集前代文献大成,形成《释迦如来应化录》,成为传阅一时的名本。

人格化的佛陀造(图)像艺术,在公元1世纪的印度贵霜王朝产生。在中国,僧宝成在明永乐二十年(1422)才将佛传文本《释迦如来应化录》进行艺术创造,形成《释氏源流》图谱,并于洪熙元年(1425)首次刊刻面世。此后,该图谱不断翻刻,广泛传播。据邢莉莉研究,《释氏源流》在明代刊刻七次,版本、时间及形式总结如下表(表1-10):[①]

表1-10 《释氏源流》在明代刊刻七次

| 版　本 | 时　间 | 形　　式 |
|---|---|---|
| 洪熙元年本 | 1425 | 版式皆为"上图下文",画幅上卷206幅,下卷200幅 |
| 宣德九年本 | 1434 | |
| 正统元年本 | 1436 | |
| 景泰版经厂本 | 1450—1456 | 版式"左图右文" |
| 成化二十二年本 | 1486 | 版式据景泰本"左图右文",画幅缩减到400幅 |
| 嘉靖三十五年本 | 1556 | 版式按正统前"上图下文",画幅为400幅 |
| 嘉靖至万历年间经厂翻刻成化本 | 嘉靖至万历年间 | 版式据景泰本"左图右文",画幅400幅 |

对比发现,觉苑寺佛传壁画完全是《释氏源流》的传移,其粉本归为洪熙、宣德、正统版本一路。但是,这些壁画并没有完全复制《释氏源流》,而是因势利导进行了创造。如壁画中的"瞿昙贵姓"主题与《释氏源流》的成化版和嘉靖版以及清代《释迦如来应化事迹》版皆不同。该图把"咒成男女""瞿昙贵姓"两个故事进行组合,但故事中有"以木贯身射之"的残忍场景,壁画将受苦刑之人改绘成因感动天地化育出的婴孩,使艺术中带有慈悲和美的更高境界(图1-121)。与嘉靖、成化版《释氏源流》对比,觉苑寺壁画多出了"达摩悉来""提婆凿眸""大赦修福""神僧应供""译经传法"等内容。而对比《释迦如来应化录》,可以推测,洪熙、宣德、正统版本的《释氏源流》,应有除"译经传法"之外的其他内容。所以,觉苑寺佛传壁画是在明代《释氏源流》刊刻后,补充"译经传法"等内容,成为更系统更美化的艺术创造,具有无可替代的艺术价值和佛教文献价值。

传统佛传故事壁画一般有独幅、分幅、通幅三种构成方式,都以展现佛陀"八相成道"为目的。"八相",指释尊蜕变成佛的人生重要时空节点之"相",按古印度马鸣《大乘起信

---

① 邢莉莉:《明代佛传故事画研究》,线装书局,2010年。

图 1-121 瞿昙贵姓、咒成男女

论》分，包括降兜率、入胎、住胎、出胎、出家、成道、转法轮、涅槃等时间节点，对应着迦毗罗卫国、蓝毗尼园、菩提伽耶、鹿野苑、舍卫城、王舍城、那烂陀城、拘尸那迦等圣地。因此，在时空范围内尽情铺陈描绘，一直是佛传壁画创作的重要课题。汉晋时代采用独幅、分幅的方式描述佛陀生平；敦煌第61窟的五代佛传壁画则采用通幅式构图，利用青绿山水分割画面，形成连续的佛陀生平图像，当然，这种传统在龟兹石窟壁画中就已经有样板了。

觉苑寺佛传壁画采用205幅画组成了"通幅式"构图，它们按生平时序置于满壁的小写意山水和沥粉贴金的宫殿楼阁建筑之中，画幅中衬四字榜题。

八相成道即佛陀道成肉身的示范性路径与次第，在这些故事的流传中，考虑到信众的认知能力，也是在不断调整着。如"住胎"一节，涉及佛陀在摩耶夫人母胎中行住坐卧，并为诸天说法的神奇教义，与人们对日常怀胎的认知大相径庭。普通百姓听后大多会疑窦丛生，从而动摇正信。对此，天台宗的《四教仪》就主动将"住胎"替换为"降魔"，通过强化神话意象，刻意与人们的生活拉开距离，反而减少了不必要的质疑。

觉苑寺佛传壁画虽然忠实于既定蓝本，但通过对烙印上民俗民风的形象的选择与塑造，使其"像教"功能得到最大限度的释放。

首先，觉苑寺佛传壁画非常注重现世情境的创设，给时人以代入感。比如佛陀成道像、修道像、太子像和童子像均着明代服饰。成道像着通肩式衲衣，修道像着紫袈裟套黑缁衣，童子像、太子像着红袍服，让人有亲近生活的即视感。

其次，觉苑寺佛传壁画着力描绘社会风习，形成风俗画的观感。如"学习书数""园林嬉戏""讲演武艺"等画面，继承了宋代李嵩《货郎图》那样的风俗画传统，倾心表现儿童的本真世界，激发起亲切悦人的审美情感。

最后，佛儒合流，宣扬释教慈悲，也阐发儒家忠孝仁义。如"姨母涅槃"一图，展现出宗族血缘关系下的平民殡葬活动，抬棺、戴孝、哭号……都沁润着"孝"与"爱"的社会精神，拉近了佛教与信众的距离。

据统计,觉苑寺佛传壁画描绘有1 694个人物,他们身份特征各异,展现出天地人神共生共荣的信仰画卷。可以说,它既是一部精美的佛教图典,也是我们管窥明代政治、经济、文化、艺术、建筑、服饰等方面的生动资源。

## 二、行愿品果——千手千眼观世音

通过《普门品》以及《法华经》的传布,观音信仰流播于五印、西域、西亚、欧洲。1世纪中叶,观音信仰传入中国。在明代初期,观音崇拜、善书宝卷流行,成为民间信仰的重要内容,在百姓喜爱的《西游记》中,关于观世音菩萨的故事可圈可点,承载着世俗人们对大乘佛教"普度众生"的祈望。

就观音图像而言,据《千眼千臂观世音菩萨陀罗尼神咒经》"序"记载,唐武德元年(618),中天竺僧瞿多提婆携带细毡上画像、结坛手印经本进献,不被高祖珍视,抑悒而归。贞观年中,有北天竺婆罗门僧持梵本奉进,唐太宗(据传太宗曾得观世音示现救护)即敕令智通共梵僧翻译,随即送入内廷,未能流通,但千手法得以流传。武则天时,乌杖那国达摩战陀在洛京传千手法,他"于妙毡上画一千臂菩萨像,并本经咒进上,神皇令宫女绣成,或使匠人画出,流布天下,不坠灵姿"。[①]

侯旭东《五、六世纪北方民众佛教信仰》一书统计了北朝造像1 062种"造像记",其中观世音像196尊,题记也多,如"武定元年(543)九月八日王女仁造像云'正光年中造像□区释迦观音'",[②]表明观音造像活动在魏晋南北朝北方民间很流行。关于千手千眼观世音造像,洛阳龙门石窟的初唐千手像或许为现知最早的。在四川,早在唐代,广元千佛崖第744窟附5号龛就已有千手像雕塑存在,但仅余轮廓可辨。现在,千手千眼观世音的造像在长安、敦煌、龙门、四川的唐开元前石窟中还保留不少。关于画像,在《宣和画谱》记载了初唐画家尉迟乙僧"尝于慈惠寺塔前画千手眼降魔像,时号奇踪";[③]中唐画家范琼"咸通中,于圣兴寺大殿画东北天王并大悲像"。[④]北宋赞宁撰《晋朔方灵武永福寺道舟传》也载,僖宗时有僧道舟"刺血画大悲千手眼立像"[⑤]等事例。

关于千手观音的由来,《楞严经》《千手千眼观世音菩萨广大圆满无碍大悲心陀罗尼经》等都有"观音菩萨发大誓愿讫即得千手;化现千手千眼降魔、其千手眼可出千佛及千转轮王"之说。[⑥]后世民间传说的观音前身乃妙善公主,她在世间尽孝,修行精进,舍手眼以救父(有楚庄王、庄王、妙庄严王、妙庄王、苗庄王等说法),终得千手千眼。新津观音寺壁画采用的正是民间传说的版本。

究新津观音寺《香山全堂》壁画之根源,可见佛教及其艺术世俗化的历史。据《妙法

---

① 《大正藏》第20册,第83页。
② 任学:《观音菩萨缘起考 香山大悲菩萨传》,平顶山市旅游局,2007年,第34页。
③ (宋)佚名:《宣和画谱》卷一,王群栗点校,浙江人民美术出版社,2019年,第16页。
④ (宋)佚名:《宣和画谱》卷二,第23页。
⑤ (宋)赞宁:《宋高僧传》卷二十三,《大正藏》第50册,第859页。
⑥ 张总:《说不尽的观世音》,上海辞书出版社,2002年,第55页。

莲华经·观世音菩萨普门品》："观世音以何因缘名'观世音'？佛告无尽意菩萨，善男子，若有无量百千万亿众生受诸苦恼，闻是观世音菩萨，一心称名，观世音菩萨即时观其音声，皆得解脱。"①观世音法门的修习方式虽然显得简单，解脱苦厄的功能却很强大，因此受到世俗大众非常广泛的崇奉。严格来说，这种带有功利性的崇信就是世俗化的表现。南北朝（或者更早）时代，有关观世音菩萨的佛教经典如《悲华经》《妙法莲华经》等已经汉译，②与之相伴的就是民间和宫廷的观世音信仰，如民间的《应验记》类书籍的出现，北凉武宣王沮渠蒙逊（368—433）念《观世音菩萨普门品》祛病，南朝梁武帝萧衍（464—549）修持慈悲道场忏法救度化蟒的爱妃等，都证实并弘扬着观音法门。

《悲华经·诸菩萨本授记品》《大乘悲分陀利经·王子授记品》都讲述了太子不眴修道被授记为观音菩萨的故事。这就是现存南北朝寺庙和佛窟中观音艺术形象皆为男身示现的原因。但观世音的行愿有母性的包容与崇高，所以在汉地，他的性别开始变化成女身。出现这种变化的原因主要有三：第一，前述观世音的母性特质的神性，客观要求造像符合这种心理预期。第二，应该是在图像传移的过程中发生的，菩萨艺术形象从印度传入中国，初期那种中性妩媚的身材和装束，蝌蚪纹小髭须，在儒家男女有别的意识中，均给人一种心理上的不舒适感，只是碍于宗教造像仪轨才木讷地模仿。但缺乏教义认知的百姓在礼拜这些形象时，会从观感直接得出菩萨女相的结论。久而久之，那些女身髭须的男菩萨，其髭须在审美心理上就显得多余和错误了，工匠也乐得删除髭须，创造一尊母性十足的女神。第三，中国本土道教女性神祇形象有很多，如女娲、西王母、斗姆、九天玄女、何仙姑、麻姑等，在民间都有很大的影响。佛教传入中国时走了佛道融合的路子，所以印度传来的佛教造像粉本的女性特质被放大，形成女神也就不足为奇。总之，观世音菩萨的世俗化，根本还是儒佛道思想相互融合的产物。

《北齐书·徐之才传》有武成帝酒色过度，看见空中有五色物体变成美貌女子，后化为女身观世音的记载。③据初唐义常本《香山大悲菩萨传》（该版本佚失，不存于世），终南山灵感寺道宣律师曾向天神问起观音的缘起，天神告之，观音菩萨乃由妙庄王的三公主妙善在汝州香山寺修道而成。初唐《香山大悲菩萨传》是现存最早记载中国女相观音缘起的佛教文献。唐武则天时期，《宝雨经》《大云经》等都有菩萨女身的说法，这被认为是一种政治的需要。与之对应的女性菩萨形象也极为盛行，典型如中唐画家周昉的"水月观音"。但在唐代菩萨画像中，仍旧有保留髭须的案例，这一样式作为菩萨艺术的传统支流一直延续到现在。

菩萨女相的转化真正普及到全国是在宋代。初唐《香山大悲菩萨传》和它的通俗说唱形式《香山宝卷》的推广和演化，是菩萨女性化进程中的重要事件，极大促进了明代佛教的世俗化。以传播学视角看，推广与演化有三种渠道：

一是权威人士摇旗呐喊，故而推介流传极广。北宋元符三年（1100）九月，翰林学士

① 《大正藏》第9册，第56页。
② 韩秉方：《观世音信仰与妙善的传说》，《世界宗教研究》2004年第2期，第54—61页。
③ （唐）李百药：《北齐书》卷三十三，中华书局，1972年，第446页。

蒋之奇润饰《香山大悲菩萨传》(别名《大悲观世音菩萨得道证果史话碑》),蔡京书丹,鸠工勒碑于河南汝州龙山香山寺内,也称"蔡京碑"。①蔡京乃宋徽宗的宠臣,当朝权相,著名书法家,其号召力非同一般。宋崇宁三年(1104),杭州天竺寺僧道育将该碑冠名《香山大悲成道碑》重刻于寺内。元代,居士管道升撰《观音菩萨传略》并镂刻于碣石之上。当然,说是权威人士,在信众中,数量巨大的女性也会形成一种隐形的力量,她们的认知和社会心理也多少会影响到造像审美的取向。

二是民俗活动交流。在唐代,许多寺院,尤其是长安的寺庙,流行由和尚说唱佛经故事、民间传说和历史故事的"俗讲"。②记录"俗讲"的文字叫"变文",为了便于听、说交流,较接近口语。想来《香山大悲菩萨传》也应是"俗讲"的内容之一。到了宋代,虽然宋真宗(988—1022)明令禁止僧人讲唱变文,但是抵挡不了民间百姓喜爱的热情。后来的宝卷,就是由这类变文类手本演变而来。《香山宝卷》为宋普明禅师于崇宁二年(1103)创作。由宝卷衍生出的民俗文化甚多,如新的宝卷、唱本、戏剧和小说等,从文学、曲艺、戏剧等多渠道渗入百姓的生活中。而且,据《香山宝卷》妙善出生、出家与成道日而形成的农历二月十九观音诞日、六月十九观音成道日、九月十九观音出家日等观音法会,更是无形中深入民心,强化了人们对菩萨女身的认识。

三是佛教艺术的展示。画工们将经变、变文、宝卷、戏剧、小说等通通搬上画面。如北京明代大慧寺大悲殿内的10铺壁画,就是以元代管道升《观音菩萨传略》为指南所绘。新津观音寺毗卢殿明代《香山全堂》就是《香山宝卷》的"变画",与同样源自《香山宝卷》的《南海观音全传》小说、传奇戏曲《香山记》、京剧《大香山》等,一起成为彼时佛教世俗化的重要推动力量。

新津观音寺《香山全堂》由二十余小幅图像组成,主要以云彩作单元分界。每小幅的内容都反映着《香山宝卷》中重要的唱词内容,如第10幅反映的是"速结丝楼南城外,急排祭奠祭生魂"(图1-122),用城门、祭台、下跪的官员就清楚象征并诠释了唱词,达到一种舞台艺术的简洁之美。

图1-122　南城祭生魂

可以说,《香山全堂》壁画就是定格的一出川剧剧照,为我们娓娓讲述着观世音菩萨的孝义与坚贞,彰显着牺牲与救度的宏大主题,拉近了世俗与菩萨的心理距离,折射着明代四川地区娱乐生活对教化功能的重视。

---

①　任学:《观音菩萨缘起考　香山大悲菩萨传》,第75页。

②　据日本僧人圆仁《入唐求法巡礼行记》记载,9世纪上半期长安有名的俗讲法师,左街为海岸、体虚、齐高、光影四人,右街为文溆及其他二人。其中文溆尤为著名,为京国第一人。[日]圆仁著,白化文等校注:《入唐求法巡礼行记校注》卷三,中华书局,2019年,第360页。

### 三、喜乐同气——罗汉

罗汉，是小乘佛教所追求的最高果位。小乘佛教把果位分为四等：初果"预流果"，在六道轮回时不堕"恶趣"（即畜生道、恶鬼道）；二果"一来果"，即只轮回转生一次；三果"不还果"，即不再受生"欲界"而超生"天界"；四果"阿罗汉果"，指脱离"生死轮回"。[①]

罗汉造像艺术是我国佛教艺术文化中的伟大创造，它脱离了对佛弟子的简单和片段式描绘。在中晚唐，罗汉的教义形成了一种大型的独立艺术题材，画工、画家们不断探索着对罗汉进行个性化表现的艺术方式，在《宣和画谱》（卷二、卷十）记载中，卢楞伽和王维都画过大量十六罗汉图，珍藏在宋徽宗的御府中。

四川明代佛寺罗汉壁画以蓬溪宝梵寺壁画为代表，所绘为十六罗汉。北凉道泰等译《入大乘论》卷上就提到十六罗汉："尊者宾头卢、尊者罗睺罗，如是等十六人诸大声闻散在诸渚……守护佛法。"[②]但并无具体名姓。

后秦鸠摩罗什译《阿弥陀经·序品》曰：

> 一时佛在舍卫国……千二百五十人俱，皆是大阿罗汉，众所知识：长老舍利弗、摩诃目犍连、摩诃迦叶、摩诃迦旃延、摩诃俱希罗、离婆多、周利盘陀伽、难陀、阿难陀、罗侯罗、乔梵波提、宾头卢颇罗堕、迦留陀夷、摩诃劫宾那、薄拘罗、阿那楼陀……[③]

这里的十六罗汉是千二百五十位大阿罗汉的代表，与唐代玄奘译《大阿罗汉难提蜜多罗所说法住记》（即《法住记》）不尽相同。

《法住记》的十六罗汉是作为释迦涅槃后常住世间的传法者提出来的，其名次是：宾度罗跋啰惰阇、迦诺迦伐蹉、迦诺迦跋厘惰阇、苏频陀、诺矩罗、跋陀罗、迦理迦、伐阇罗弗多罗、戍博迦、半托迦、罗怙罗、那伽犀那、因揭陀、伐那婆斯、阿氏多、注荼半托迦。[④]此后的十六罗汉名字及次序，绝大多数以《法住记》为准。

佛经或造像仪轨中并无具体的罗汉形象阐述，因此，罗汉造像带有强烈的自由性和民间信仰性质。这里不得不再次颂扬玄奘，他为中国罗汉题材造像艺术提供了教义基础、审美角度和素材资源。若果说玄奘《法住记》是罗汉造像艺术的法理内核，那他的《大唐西域记》则以艺术语言的方式展现了一个罗汉存在的境界。举一段玄奘在"摩揭陀国下·佛陀伐那山及杖林"中的描写："鸡足山东北行百余里，至佛陀伐那山，峰崖崇峻，巘崿隐嶙。岩间石室，佛尝降止。傍有盘石，帝释、梵王摩牛头栴檀涂饰如来，今其石上余香

---

[①] 补充一句题外话，佛教认为，居士想要修成罗汉，时辰到了如果不出家就会死去，所以，修成罗汉果位的都是出家人。

[②] 《大正藏》第32册，第39页。

[③] 《大正藏》第12册，第346页。

[④] 《大正藏》第49册，第13页。

郁烈。五百罗汉潜灵于此,诸有感遇,或得睹见,时作沙弥之形,入里乞食。隐显灵奇之迹,差难以述。"①在这段文字中,有文人所乐的山水,有"时作沙弥之形,入里乞食"的罗汉,而他们看似平凡,却有"神通妙法"的超越性,与天地有着深度的通连,更和中国传统文人精神和生活样法相契合。这种浪漫、神秘与现实的交相辉映,成就了罗汉造像艺术的超拔与鲜明个性。隋唐以降,嬉怪嗔呆、超脱人间世态的罗汉形象,成为佛教在中国世俗化和本土化的重要指示符号。

四川地区的画家对罗汉造型影响深远,如五代的贯休等。四川本土也产生了诸多罗汉大家,如五代蜀地画家张玄、宋代遂宁(今四川遂宁)人李时泽等。

宝梵寺罗汉壁画有自己的文化特色和艺术特色,是中国罗汉造像艺术的典范:

一、宝梵寺壁画罗汉样貌,分梵式、汉式两类,延续了中国宋明时期罗汉图像创作的传统。梵式罗汉,深目高鼻,面褐多须,呈现西域人面貌,有十一尊;汉式罗汉,面白清秀,有五尊。

二、宝梵寺壁画中罗汉形象风格属"禅月相""世态相"并重。古中国的罗汉图像存在"禅月相"和"世态相"两种典型样式系统。《宣和画谱》卷三称:"世之画罗汉者,多取奇怪,至贯休则脱略世间骨相,奇怪益甚。元(即五代蜀地画家张玄,称"玄"为"元"是清中晚期版本避康熙玄烨讳)所画得其世态之相,故天下知有金水张元罗汉也。"②日本学者宫崎法子以为,以贯休为代表的"脱略世间"相作品,应当缘自梵僧画系统,称"禅月相";③而五代时期蜀地简州金水石城山画家张玄为代表的写实感画风,称"世态相"。

唐末画家贯休的"禅月相"罗汉,强化罗汉的神格化以及外来文化属性,造型夸张自由、神秘天真,因而深受佛门、文人和艺术行家的追捧,甚至影响到了日本绘画。从京都清凉寺、宫内厅、京都高台寺三处的贯休十六罗汉画来看,的确与《益州名画录》记载相符。

而比较宝梵寺壁画的罗汉像与贯休的罗汉像,则可以清楚看到一脉相承的基因面貌,如宝梵寺的第十三罗汉因揭陀就与高台寺本贯休第十六罗汉的头部造型相类(图1-123)。

图1-123　宝梵寺因揭陀头像与贯休高台寺本之十六罗汉头像比较

张玄的"世态相"罗汉艺术,因其表现僧人世态相貌,在普通信众中获得了更普遍的审美认同,在《益州名画录》《图画见闻志》等古籍中皆有记录,惜无真迹流传。《益州名画录》说:"张玄者……前辈

---

① (唐)玄奘、(唐)辩机原著,季羡林等校注:《大唐西域记校注》卷九,中华书局,2000年,第709页。
② (宋)佚名:《宣和画谱》卷三,第35页。
③ (唐)段成式等:《寺塔记　益州名画录　元代画塑记》,人民美术出版社,1964年。黄休复等《益州名画录》卷下(第55页)记载:"贯休又名禅月大师,婺州金溪人。天复年入蜀,王先主赐紫衣师号。师阎立本画罗汉十六帧,庞眉大目者,朵颐隆鼻者,倚松石者,坐山水者,蕃貌梵相曲尽其态。贯休自言所画罗汉悉梦中所观。这种风格,人皆异之,重之,求其笔唯可见而不可得。"

画佛像罗汉,相传曹样、吴样二本。曹起曹弗兴,吴起吴暕。[①]曹画衣纹稠叠,吴画衣纹简略。其曹画,今昭觉寺孙位《战胜天王》是也;其吴画,今大圣慈寺卢楞伽《行道高僧》是也。玄画罗汉吴样矣。今大圣慈寺灌顶院《罗汉》一堂十六躯,见存。"[②]

这段文字论及张玄罗汉艺术的源流为六朝时宋人吴暕、唐代卢楞伽一派,也论及其艺术风格为"衣纹简略",实质上,这种"世态之相"迎合了大众的世俗审美口味,才是其受欢迎的关键,以至于当时"荆湖、淮、浙,令人入蜀,纵价收市,将归本道",[③]足见其影响之广。

宝梵寺所在地遂宁,乃川中佛教重镇,其佛教文化非常发达,特别是佛画与塑刻,皆有本地宗本。据《遂宁志》载,县北三十里显教院,唐咸通中建,有张金水画十八罗汉像。张金水即张玄。据北宋苏轼描述,他在海南曾得一幅张玄画的"十八罗汉图",因而题了《十八大阿罗汉颂》。苏轼《罗汉颂》没有交代罗汉名字,所描述的张玄画本与宝梵寺壁画意境根本不同,不知其所绘壁画意象又是如何。当然,十八罗汉图式目前发现也是从10世纪的张玄、贯休才出现。在南宋的江南,十八罗汉大规模出现。如明代湖南安化人张仙童在兴隆寺画的十八幅罗汉俨然如生。现今的十八罗汉,多出的二位是降龙、伏虎。另外,宋代五百罗汉传说也促进了五百罗汉造像的发展。

据宋《图绘宝鉴》《画继》等记载:遂宁僧人李时泽,曾游学中原观古壁,见武洞清所画罗汉,豁然晓解,得其笔法……尝画昭觉寺大殿十六罗汉等像。[④]李时泽所学习的武洞清以及其父亲武岳皆为长沙释道人物画名家,宗吴道子一派。《宣和画谱》说他"工画人物,最长于天神、道释等像。布置落墨,广狭大小,横斜曲直,莫不合度;而坐作进退,向背俯仰,皆有思致。尤得人物名分尊严之体,获誉于一时"。[⑤]另外,明万历才子周履靖(1549—1640)《夷门广牍》认为武洞清首创钉头鼠尾描。这些记载与宝梵寺罗汉壁画风格非常吻合,让人不禁联想,吴道子、武洞清、李时泽的源流连带关系是否影响到了宝梵寺壁画呢?

纵观蓬溪宝梵寺壁画罗汉法像布局,遵循《法住记》,如《造像量度经解》所言:"或老或少,或善或恶,以及丰孤俊丑,雅俗怪异,胖瘦高矮,动静喜怒诸形……随其偶对,参差得宜为妙。"[⑥]其不但主尊相对应,还形成了翔龙—伏虎,青狮—白象,法杖—法螺的对应,格局庄严,以物喻禅,匠心独运。

在罗汉的造型上,《法住记》强调"现种种形,蔽隐圣仪,同常凡众"。[⑦]宝梵寺壁画的画工一方面极尽细腻之能事,在发茬、胡须、袈裟、天衣、座椅等的表现上用线缜密,敷色明丽,沥粉贴金,打造出一个富丽堂皇的仙界琼宇,同时,又将日常生活中的果盘、器皿、竹

① 吴暕,六朝时宋人,谢赫《古画品录》称其画"体法雅媚,制置才巧。擅美当年,有声京洛"。
② (宋)黄休复等:《益州名画录》,第62页。
③ (宋)黄休复等:《益州名画录》,第62页。
④ 见于安澜编:《画继》卷五《道人衲子》"李时泽"条,上海人民美术出版社,1963年,第35页。
⑤ (宋)佚名:《宣和画谱》卷四,第45页。
⑥ 《大正藏》第21册,第947页。
⑦ 《大正藏》第49册,第13页。

杖、针线等置于尊者之旁,形成罗汉蔽隐圣仪、同常凡众的世俗感,直可谓仙、凡二界融合,生机勃勃。

在宝梵寺六铺罗汉壁画中,伐阇罗弗多罗、半托迦、伐那婆斯、注荼半托迦以及因揭陀等,皆是艺术水准极高的精品。他们是梵汉融合、禅月相与世态相融合的经典实例,值得我们最好的守护,以流传后世。

### 四、追求圆满——善财童子

善财童子五十三参出自《华严经》(全称《大方广佛华严经》),系如来成道之第二七日,为文殊、普贤等上位菩萨所宣说之大法。传说佛陀灭度后七百年,龙树菩萨于龙宫见此经有上、中、下三本,诵其下本十万偈四十八品(或谓三十八品)流传古印度。

《华严经》有三次汉译。东晋义熙十四年(418),古印度迦毗罗卫国(今尼泊尔境内)佛驮跋陀罗有《旧译华严经》60卷,称《六十华严》;唐代武周圣历二年(699)于阗(今新疆和田)人实叉难陀有《新译华严经》80卷,称《八十华严》;唐贞元十四年(798)北印度迦毕试国(罽宾)般若三藏有《普贤行愿品》40卷,称《四十华严》。杜顺、智俨、法藏师徒依用《华严经》而创立华严宗,是佛教中国化的又一典型,契合了民间追求圆满的信仰心态。

在《华严经》的《入法界品》中,记述了善财童子在五十四处所,次第参访了五十五位善知识,寻求修行解脱之路,终修菩萨行而成就法身,成为修习佛法的范例。参访五十五位善知识却称名"五十三参",原因有二:一、第一位与倒数第二位善知识皆为文殊师利童子,归为一参;二、第五十一参参访了德生童子、有德童女,归为一参。

从现有文献和图像来看,五十三参题材在唐代创作较少,最早出现在晚唐时期的敦煌壁画中,是单幅参拜文殊或观音的图像,附属于华严"七处九会"主题,还不是系统的善财童子图式。早期善财童子的形象是青年男子,大袖袍服,与后期儿童形象不若,如晚唐敦煌莫高窟第9窟的问法男子。

现存最早的五十三参图式为藏于日本艺术大学的惟白[1]所作《佛国禅师文殊指南图赞》。[2]由于张商英的推崇,以及云门宗、临济宗在四川的发展,该题材对四川地区的佛教文化影响巨大。因为《佛国禅师文殊指南图赞》的刊行,五十三参粉本问题解决,使得两宋时期独立体系化创作大流行,石刻、泥塑、壁画、卷轴、折页应有尽有。这些壁画、挂图与佛门"供知识"[3]的仪式一道,共同演绎着佛门求法的深远意义。诚如无尽居士张商英在《佛国禅师文殊指南图赞》序文中所言:"华严性海纳香水之百川,法界义天森宝光之万像,极佛陀之真智,尽含识之灵源……若乃撮大经之要枢,举法界之纲目,标知识之仪相,

---

① 惟白,俗姓冉,扬州靖江人。天童寺住持,云门宗七世。建中靖国元年(1101),赐号"佛国禅师"。

② 据罗凌《〈佛国禅师文殊指南图赞〉作者考略》(《图书与情报》2005年第3期,第85页),发现《文殊指南图赞》仅日本《续藏经》和稍后编纂的《大藏经》有收载,其他大藏经皆失收。《大正藏》中《文殊指南图赞》所画图未署画家名。而民间流传坊本《佛国禅师文殊指南图赞》署名宋孤云居士画,其图优于《大正藏》所收图。宋代另有杨杰《大方广华严经入法界品赞》和《华严五十五所绘卷》(藏日本东大寺)。

③ 参见(宋)志磐:《佛祖统纪》卷三十三《法门光显志第十六》,《大正藏》第49册,第319页。

述善财之悟门,人境交参,事理俱显,则意详文简,其图赞乎!"[1]南宋时期,四川出现善财童子五十三参的系统主题石刻,如建于南宋绍兴十七年至二十五年(1147—1155)的大足北塔内,四川安岳圆觉洞、华岩洞,大足宝顶第14窟毗卢道场皆有五十三参造像。值得一提的是,两宋时期,善财童子造型乃可爱的幼童形象。

元代,五十三参壁画形式流行,以山西洪洞广胜寺下寺大雄殿九幅壁画残篇和敦煌莫高窟第646窟为代表。善财童子较典型的形象为双手合十,扎两个小髻,上身着衫披长巾,下身内穿裤子,外系搭裙子,跣足。当然也有其他样式。

明代五十三参壁画盛行,分布在四川、青海(瞿昙寺瞿昙殿)、甘肃、河北(张家口蔚县观音殿、涿鹿县广恩屯村观音院)、山西(太原崇善寺明代善财童子五十三参摹本,平遥县双林寺千佛殿和菩萨殿)等地。四川明代佛寺壁画中,蒲江河沙寺(推绘于明天顺至成化,1457—1487)、邛崃盘陀寺(推绘于明景泰七年至天顺元年,1456—1457)、新繁龙藏寺(成化十二年,1476)均有五十三参图,是迄今所知南方仅存的三壁此类题材遗迹,采用长卷式构图,利用自然景物和建筑区分各个场面,情节过渡自然,画面浑然一体,殊为珍贵。

新繁龙藏寺壁画位于新繁龙藏寺大殿东、西壁的中铺和南铺,约52平方米,本绘五十三幅,现能看清的二十余幅,场面连贯、画幅宏大,艺术水准非常高。李静杰等撰写《明代佛寺壁画善财童子五十三参图像考察》(图1-124),记录很清晰,请读者查阅,此不赘述。

龙藏寺与盘陀寺壁画善财童子五十三参图像将生活场景、自然山水融入其中,体现了巴山蜀水画家在花鸟、山水、人物上的探究与发展。"相关题记表明布施已然成为一般施

图1-124　龙藏寺中殿善财童子五十三参场面13及其局部

---

① 《大正藏》第45册,第793页。

主追求现实利益的手段,祈求子孙繁衍的动机使得这种图像获得新时代生命力。"①

善财童子在中国民间可谓家喻户晓,不管理解不理解,人们总能从其名字上得到直观的吉祥信息,从而认同亲近。"善"在修行中是指广修供养,深种善根而常乐清净,在民间则是一种美好的品质;"财"在民间是指财富与幸福,在修行中则指通过亲近善知识、修习菩萨行积聚的大量福德因缘;"童子",是自古中国家庭希望与责任的象征。修行与民间生活就这样纠缠交融在一起了。所以,善财童子五十三参在民间的解读与接纳,更多在于世俗社会心理层面的美好需求。

## 五、护佑愿力——二十四诸天

佛经里的"天"(deva),音译为"提婆",首先指凡间之上清净光明的美好境界;其次指住于天界的诸神。这里的天界主要指三界中欲界的天道和色界,无色界因不存实体形相,不在其中。

欲界是没有摆脱七情六欲的众生所处境界,具含六道,即天、人、阿修罗、饿鬼、畜生、地狱诸道。其天道,夙修十善,得超越人道的三种福报:一为化生,无处母胎之苦;二为身胜,美好特甚;三为衣食思之自至。天道有六欲天,包括四大王天、忉利天、夜摩天、兜率天、化乐天、他化自在天。

色界,指无欲着,但尚有色着(即身念)之众生的境界。色界有十八天,如大梵天、大自在天等,他们管领一方世界。

"诸天"大多源于印度教和印度民间神祇,被佛教吸收后成为护持佛法的神众。随着佛法东传,诸天已经不断汉化。在汉地佛教壁画系统中,诸天是个性十足的生动形象,有十二尊天、十四诸天、十六诸天、二十诸天、二十四诸天、二十八天等说法和形制。在四川明代佛寺壁画中主要采选二十四诸天题材。

二十诸天的定制,是天台宗高僧鉴于佛教实践和佛教艺术中诸天纷乱的情况,依据《金光明经》之《功德天品》《鬼神品》等精心遴选、逐步补充而来的,并进而编制成道场列次。

按早期正统的佛教仪轨,收入二十诸天。后来,融合了道教的神祇和民间信仰,才形成了二十四或二十八诸天的体系。

二十诸天与金光明三昧忏关系甚密。南北朝时已有陈文帝于天嘉四年(563)依据《金光明经》②行金光明忏的记载。该忏法为天台宗大师智𫖮(538—597)所创,但其详文已佚失,仅《国清百录》有简略叙述,其中录述的诸天有:大梵尊天、三十三天(也即帝释尊天)、护世四王、金刚密迹、散脂、大辩、功德、诃利帝南鬼子母。③如果把"诃利帝南鬼子母"视为"诃利帝南"和"鬼子母",则共十二尊天。北宋天台宗大师遵式(964—1032)在

---

① 李静杰、谷东方、范丽娜:《明代佛寺壁画善财童子五十三参图像考察——以成都与张家口的实例为中心》,《故宫学刊》2012年第1期,第238—292页。

② 《金光明经》《法华》《仁王般若》因广说诸天护国思想,而被合称为"护国三经"。

③ (隋)灌顶:《国清百录》卷一《金光明忏法第五》,《大正藏》第46册,第796页。

智顗的基础上撰成《金光明忏法补助仪》,所奉请尊天不变。

此后,在十二尊天增加了菩提树神和坚牢地神,成十四诸天。北宋末年,明智中立法师(？—1115)补入摩利支天与韦驮天,[1]成十六诸天。

南宋神焕因诸天位次不正,尊卑未定,于是考寻典藏,随位释之,撰《诸天列传》,但其文佚失。可以从志磐撰《诸天礼赞文》一探究竟。志磐按神焕的供天礼文,订十六诸天及其位次:先大梵天、帝释天,次北天王(经家认为西土以北方为上),次东、南、西天王,次功德天、大辩天。次摩利支天、韦驮天。次密迹金刚、散脂大将、菩提树神、坚牢地神、鬼子母、二十八部。关于前述"诃利帝南鬼子母",志磐认为"诃利帝"是鬼子母未受戒时吃王城男女所获的恶贼之名,现在已经洗心革面成为护法,则不必再沿用。

但志磐认为,有人加日天、月天、娑竭罗龙等,形成十八诸天,或二十诸天,"虽据经文,实为泛滥"。[2]志磐所指,乃行霆《重编诸天传》(南宋孝宗乾道九年,1173)。该本又改订自神焕《诸天列传》。行霆在十六天的基础上,增加了日天、月天、娑竭罗龙王、阎摩罗王,形成二十诸天,后来流行成为定制。

南宋时期,人们认为《金光明经》是"帝王盛世之典",诸天护法护民,兼忧时保国,因此深得朝廷推崇。如孝宗在杭州上天竺寺建"护国金光明忏堂"大力推动金光明忏等,促进了"斋天"活动在民间的兴盛,诸天也成为寺院绘塑艺术表现的重要题材。

元代,将供天部分从金光明三昧忏中分离出来,正月旦及上元节各寺庙殿堂多供诸天。

此后,二十诸天又发展出二十四诸天。一般认为,是二十诸天增加了紧那罗、东岳大帝、紫微大帝和雷神。紧那罗乃天龙八部之一,其他三位是佛道融合的产物,也是典型的汉地本土神。在佛教艺术中,明代早期就有二十四诸天的例子了。明末清初曹洞宗僧人弘赞(1611—1685)集《供诸天科仪》,至今寺院使用的斋天科仪均由之修订而来。

四川明代佛寺的二十四诸天有两种体系:一种是以诃利帝南取代东岳大帝的形制,如新津观音寺壁画等;一种是通常的二十四诸天。这里承继的文脉问题很微妙,四川是佛道融合的试炼场,也是宫廷与地方文化艺术的交融场,看似诸天选没选"诃利帝南",一是粉本问题,一是文化根源问题,深究起来应该大有乾坤,但鉴于本书主题,不展开探讨。

至于为何会形成二十四诸天的格局,金维诺认为佛教跟民间均有用法数归纳事物的传统有关,如阿弥陀发愿二十四章、民间的二十四孝等;也与绘画中十二圆觉配二十四诸天的形式构成相关。

据美术史料来看,二十四诸天新增成员并非一成不变。这一点愈到晚期愈发明显,如四川蓬溪慧严寺大殿二十四天就有电母、道教神祇等形象。

护法诸神的地位在艺术表现中不断提升,从佛塔底座到门畔、侧廊,最后进入寺院的殿堂,画面由配饰到独立主题,如定静寺二十四诸天壁画,这是诸天护法、护国、佑民的功

[1] (宋)志磐:《佛祖统纪》卷十四,《大正藏》第49册,第220页。
[2] (宋)志磐:《佛祖统纪》卷三十三,《大正藏》第49册,第321页。

德神通,在中国民间和朝廷获得共鸣的表现。

护法诸天在壁画中的位次安排,四川明代壁画往往采用"金光明道场"的方式,即以功德天立于佛左,辩才天居佛右。余下以梵、释打头,前者居左,后者居右。剩下的二十诸天,根据构成安排分居大殿左右壁面上,形成两两对应的关系。其中四大天王的关系较明确,其余诸天则有变动,这形成了不同壁画的布局特色,加上风格各异的造型特色,每铺二十四诸天壁画都是匠心创作,值得细细观赏把玩。

## 第五节 阴诩王度——多维力量滋养的像教精华

### 一、明初宗教政策和艺术创作的导向

历朝统治者都重视对佛教文化和艺术的管控和影响,无论是三武一宗灭佛,还是其他帝王的扶持,"不依国主,则法事难立"[①]就是最本质的总结。纵观有明一代佛教艺术的基本面向,"在大致趋势上受明太祖及明成祖强势统治时期形成的佛教认识和对待佛教的政策模式的基本制约"。[②]

明太祖朱元璋(1328—1398)参加红巾军反抗元朝之前曾在皇觉寺出家。统一中国后,其以"洪武之治"彪炳史册。和尚出身的朱元璋将明代的佛教政策和模式基本奠定,影响有明一代其他帝王。

在策略方面,朱元璋认为护法事全为国事,力主发挥佛教"暗助王纲""阴翊王度"的功能。他鉴于元代崇奉喇嘛教的流弊,大力扶持汉地传统佛教各宗派,并采用"以儒为主,辅之以佛"的统治思想。为了调和释儒道之间的关系,他提出"三教之立,虽持身荣俭之不同,其所济给之理一",[③]强调利用三教在阴虚阳实两方面辅助治化,如以儒教的"存心养性"同于释教的"明心见性",同步推行儒家《孝经》与释教《父母恩重经》等,采取措施让僧众回归佛教戒定慧的初心,以自由的讲经说法,化度一方,慎终追远。

在具体措施方面,朱元璋的总体路线是"恩威并举",在政治、经济、文化、外交等领域推行既利用又限制的佛教政策,建立起严格的佛教管理体制。

在怀柔方面:

一、明朝成立初数年,他多次召集江南名僧至南京举办盛大法会追荐元季亡魂,以佛教超度殁于非命的将卒底民,为新立王朝祈福。

二、洪武元年(1368),在南京天界寺立善世院,命僧慧昙管理佛教,又设统领、副统领、赞教、纪化等职,料理天下释教住持事宜。[④]

---

① (梁)慧皎:《高僧传》卷五《道安传》,《大正藏》第50册,第352页。
② 周齐:《明代佛教与政治文化》,人民出版社,2005年,第4页。
③ (明)朱元璋:《三教论》,《明太祖集》,胡士尊点校,黄山书社,1991年,第215页。
④ (清)龙文彬:《明会要》卷三十九《职官十一》,中华书局,1956年,第694页。

三、洪武元年(1368),专门发圣旨要求礼部落实工作:僧人无论南北,于山林城郭乡落村中,可随便结坛上座,并聚集僧俗人等讲经说教,化度一方。

四、洪武六年(1373),下诏给全国各地所有僧尼免丁钱,普给僧道度牒。

五、洪武十年(1377),诏令天下沙门习讲《心经》《金刚经》《楞伽经》,自己还为三经作序,命颁行天下。

六、明太祖下诏具体规定了佛教沙门应该如何进行诵经等法事活动,按现在的说法,实质是一种培训与考核认定的制度,即"凡欲诵经者,凭僧录司行文书与诸山住持并各处僧官知会,俱各差其赴京习研法事诵经仪式,回去后再习研三年;若不省解,周岁再试。若善记诵者,可发牒允其行佛事诵经;如不能者则使其蓄发为民,不允行佛事诵经"。[1]

七、以僧为外交使节,促进中外文化交流。如慧昙于洪武三年、宗泐于洪武十年各领明太祖命出使西域,后者从印度取回大量佛经;祖阐、克勤二人于洪武四年奉明太祖命,送日本使者僧祖来还国,促进日本僧人习研佛学;智光与其徒惠辩领太祖命,于洪武十七年持玺书彩币出使尼八剌国(今尼泊尔)。

八、点校藏经,进行刻版。如洪武年间在南京刻《洪武南藏》。

就个人而言,明太祖常与高僧大德坐而论道,甚至阅藏著述,有《护法集》传世;他将幼时托身的皇觉寺新建为龙兴寺,这带动了僧道各界创建或修复寺院道观的风潮,客观上为佛寺壁画发展提供了沃土。

所谓整肃,就是通过封建皇权约束佛教,通过一系列措施强化封建集权对佛教的直接控制。

一、洪武十四年(1381),开始对佛教实行官僚化管理:在京师设僧录司总领天下僧教事,其僧官由礼部任命,主官称正印、副印,有左善世(正六品)、右善世(正六品)、左阐教(从六品)、右阐教(从六品)、左讲经(正八品)、右讲经(正八品)、左觉义(从八品)、右觉义(从八品);[2]在地方各府设僧纲司,各州设僧正司,各县设僧会司。有司负责僧侣人事统计,考核寺院土持,监管约束寺院及僧侣行为。

二、洪武二十四年(1391),朱元璋颁布《申明佛教榜册》十条,明确对僧俗混淆败教的行为进行清理,护持佛教。但各级官吏在执行过程中打了折扣,使朱元璋发怒。洪武二十七年,他又下诏申明整顿佛教的九条榜文,并规定"官民僧俗人等,敢有妄论乖为者,处以极刑"。[3]

三、严格度牒制度,限定各地僧侣的数额。洪武十七年(1384),规定三年发放度牒一次,并加以考经,不通经典者淘汰。

四、洪武十九年(1386),设具有僧俗双重性质的砧基道人(景泰年间废止),游走于僧团与官府之间并掌管差役税收,既可抑制寺院经济膨胀,又能防止僧众在外奔走交结官司。

---

① 王志平:《帝王与佛教》,华文出版社,1997年,第214页。
② (清)张廷玉等:《明史》卷七十五《职官志四》,中华书局,1974年,第1853页。
③ (清)悟明:《敕建报恩寺梵刹志》卷三,陈平平等点校,凤凰出版社,2014年,第142页。

五、敕令天下寺院及僧人界划为禅、讲、教,<sup>①</sup>各行其道,各司其职。

六、归并天下寺院,提出"凡历代以来,若汉、晋、唐、宋、金、元,及本朝洪武十五年以前寺、观有名额者,不必归并。其新创者,悉归并如旧"。<sup>②</sup>

但朱元璋个人对自己曾经是和尚、当过义军的事很敏感,曾一度大兴文字狱。他特别忌讳僧、秃、光等字样,为此处死僧、俗多人。礼部官员请求皇帝颁布谢贺表式,使臣民有所遵照。洪武二十九年(1396),统一的庆贺谢恩表式颁布,才使滥杀状况再没发生。

朱元璋的佛教政策,客观上促使僧侣的佛学素养水平提升,并保持在一个稳定的高水准上,间接影响到明代佛寺壁画创作的艺术水平和谨严程度。

开创"永乐盛世"的明成祖朱棣,原是一位与皇位无缘的藩王。他与佛教的渊源跟太祖一样,也非常之深。如助其"靖难"上位的第一功臣,是佛门道衍禅师姚广孝;明成祖的仁孝皇后也笃信佛教,在"靖难"的危难中,她挺身激励将校士民妻佩甲荷戈守护城池,谓观音菩萨护佑城池安然。她撰有《大明仁孝皇后梦感佛说第一希有大功德经》,<sup>③</sup>引领和推动了观音信仰在信众中的播布。

朱棣延承了朱元璋的佛教政策和认识。在怀柔方面,他特别看重"善恶报应"和"业报轮回"学说,认为有扬善诛恶的归化作用。他阐释"善"就是"忠于君上,孝于父母。敬天地,奉祖宗。尊三宝,敬神明。遵王法,谨言行。爱惜物命,广行阴骘。如是,则生享富贵,殁升天堂,受诸快乐"。<sup>④</sup>朱棣时代,建起了南京大报恩寺,影响天下;敕谕修刻佛教"藏经";诏汉藏高僧,数建广荐法会等;著述文章,如《御制经序》《神僧传》等。朱棣还比较沉迷瑞应,对崇信佛法的民俗环境产生了深远的影响,法事活动在社会上也非常流行。

在禁约方面,朱棣进一步限制佛教规模:

一、限制僧道人数和为僧年龄。如永乐十六年(1418)规定:"今后愿为僧道者,府不过四十人,州不过三十人,县不过二十人。限年十四以上,二十以下……",<sup>⑤</sup>"凡度僧,例以十年一次"。<sup>⑥</sup>力图避免僧多则滥,坐食于民的弊端。

二、严格考核淘汰制度。"从师受业者五年后,诸经习熟,然后赴僧录、道录司考试,果谙经典,始立法名,给与度牒。不通者,罢还为民。"<sup>⑦</sup>

上述政策与朱元璋的管理一脉相承,为明初提高僧团素质奠定了坚实的基础。

明太祖和明成祖之后诸帝,皆延续既定方针,但各代帝王的宗教取向不同,对不同宗

---

① 禅,禅宗,不立文字,必见性者。讲,务明诸经旨义,指注重研修讲说佛教义理的天台、华严诸宗。教,演佛利济之法,消生死宿业,指诵念真言密咒,演行瑜伽显密法事仪式者。"禅僧,茶褐常服,青绦玉色袈裟。讲僧,玉色常服,绿绦浅红袈裟。教僧,皂常服,黑绦浅红袈裟。僧官如之。惟僧录司官,袈裟,绿文及环皆饰以金。"(清)张廷玉等:《明史》卷六十七《舆服志三》,第1656页。
② 《明太宗实录》卷十四,"中央研究院"历史语言研究所校印,1964年。
③ 该经见《卍新续藏》第1册。
④ (明)朱棣:《诸佛世尊如来菩萨尊者神僧名经序》,《永乐北藏》第178册,第183页。
⑤ 《明太宗实录》卷二〇五。
⑥ 《古今图书集成释教部录考》卷六,《卍新续藏》第77册,第53页。
⑦ 《明太宗实录》卷二〇五。

教亲疏不同，对佛教的存在状态产生了微妙的影响。

明仁宗在位一年，一改太祖、成祖强势施政的方式，首开明代仁治德化之风。明宣宗继之，社情民气得到些许自由舒张，开"仁宣之治"盛世。这段时间，依然延续着明成祖对僧道的素质考核。尽管仁、宣二帝皆标榜不近僧道，但为民祈福的"祷祭各路神明的活动记录则明显增多"。①如朝鲜《李朝实录》载："中国自太祖皇帝以来，皆好佛事，洪熙最好，亲设水陆。"②宣宗继位后，自称"于释氏亦靡怠忽"，③虽未举行频繁的佛事活动，但修葺了大报恩寺、大圆通寺、大功德寺、隆善寺等，除此，他对寺院修建限制颇为严格。

从佛教壁画艺术的角度看，明太祖、明成祖、明宣宗等怀柔边远修建护持的青海瞿昙寺壁画艺术，是对他们英明的佛教政策的正向回应，足以垂范后世。洪武二十六年（1393），在瞿昙寺内瞿昙殿东西壁绘制善财童子五十三参④壁画，这与后来四川、山西的相同题材有所呼应。瞿昙寺内宝光殿及回廊建成于明永乐十六年（1418），隆国殿建于明宣德二年（1427），这一时期，在环绕两殿中院和后院的回廊壁上绘制着佛传故事壁画。而几乎在同一时间段内，大报恩寺名僧释宝成于永乐二十年（1422）编纂成《释氏源流》图谱，并刊刻推行。四十年后，四川剑阁觉苑寺将释宝成《释氏源流》图谱经过充实绘于壁上，成为佛教美术的经典。可见，无论是善财童子五十三参还是佛传故事的研究与推行，都是佛教辅教王化的重要内容，二者相辅相成，相互为用，合力教化民心以推动社会和谐。

明英宗正统朝前期，"释道日兴，民贫愈甚"的社会经济问题凸显，为解决这些问题，不但限制发放僧众度牒名额，而且也限制寺院额度，严禁私自建造寺院庵观，不许官民之家修斋设醮。北京法海寺及其壁画就是这一时期佛教及其艺术发展状态的缩影：第一，法海寺是翻新改扩建旧龙泉寺而成之寺院，不违禁约；第二，法海寺由御用太监李童为报答圣恩，协同汉藏两族官员和僧众共同设计修建，是明朝宦官修庙建寺的例子；第三，法海寺壁画由宫廷画士官宛福清、土恕率画士十五人所绘，礼部尚书胡濙撰《法海寺碑记》，属于皇家风格的佛教艺术。显然，想方设法不违禁约、太监对许多事物进行管控、皇家画院画家的参与，是明代佛寺壁画创作背后的隐形推力，这种推力以政治、经济、文化力量的特殊关系连接为特征。

明太祖时期，宫廷内部只有少数几个画家在开展绘制御容、功臣像、开国创业事迹、历代孝行图等主题性创作。明太祖创业之初，无闲钱闲工夫关注文艺，因此采用"实用主义"策略，没有设画院。

宋代的宫廷绘画制度，经历了元朝的动荡后，影响延续到明朝。明成祖朱棣迁都北京后，试图仿效宋代的翰林图画院，建立属于大明王朝自己的画院。相关记载见黄淮《黄介

① 周齐：《明代佛教与政治文化》，第53页。
② 吴晗：《朝鲜李朝实录中的中国史料》上编卷五《世宗庄显大王实录二》，中华书局，1980年，第347页。
③ （明）朱瞻基：《大明宣宗皇帝御制集》卷三《大功德寺记》。
④ 谢继胜等：《瞿昙寺回廊佛传壁画内容辨识与风格分析》，《故宫博物院院刊》2006年第3期，第17页。

庵集》："太宗皇帝入正大统……机务之暇，游心词翰。既选能文能书之士，集文渊阁，发秘藏书帖，俾精其业，期在追踪古人。又欲仿近代设画院于内廷，命臣淮选端厚而善画者完其任。"①但是，因明成祖朱棣忙于御驾北征平定内乱，这些事被搁置了。

尽管如此，对这批入选的善画善书者，明王朝还是做好了抚恤善后安置工作，大体如下：外朝的华盖、谨身、文华、武英几处殿阁中，均有挂职者，翰林院、工部营缮所、文思院也有隶属者。邱濬（1418—1495）题林良《画鹰图》诗"仁智殿前开画院，岁费鹅溪千匹绢"，②徐有贞（1407—1472）"题肖节之所藏张子俊山水图"诗"先皇（明成祖）在御求名画，画院人人起声价"，③应该是客观记述了当时的"画院"生态。

宣德年间，社会发展进入承平状态，受明宣宗酷爱绘画影响，画院机制日趋正规，宫廷绘画得到极大发展，其势头一直延续到成化、弘治年间。当时，名家圣手荟萃，明代画院迎来鼎盛时期。这个时间段的绘画发展水准，与四川佛寺壁画的发展状态是能呼应上的。

宫廷画家主要活动于仁智殿（凡杂流以技艺进者为主）、武英殿（以画士为主）、文华殿（内设中书房，主要安排善书者），它们皆隶属于内府的司礼监和御用监（两监皆为宦官十二监之一）。换句话说，明代宫廷画家虽然为皇帝服务，但一直处于太监监管之下。其中御用监的太监大珰，其职责为管理武英殿画册书籍等，以及宫内之画家。因此，某些画家和文人墨客讨好太监的现象出现了。一些著名明代佛寺壁画（如北京法海寺壁画）跟太监的渊源颇深，这是特殊的历史时期和政治生态所造成的。

宫廷内各殿艺术家各司其事，月给俸粮。但若授以官职，则另有安排。这里的"官职"主要是锦衣卫武官。为什么堂堂皇室禁卫军"锦衣卫"却被用来授以画工的官职呢？这主要是受明太祖一句"恩荫寄禄无常员"④的影响。"锦衣卫"是一个虚职，没有名额限制，方便不断的人事更变，皇帝可以随时授此职给需荫庇授官者，宫廷画家的奖赏也在其列；官阶比一般文官要高，主要为从六品至正三品级别不等；官职主要有镇抚、百户、千户、都指挥等，少数画家被分配到各部、司、院下属的小官吏，更是没有定制，地位更为低下的被称为"画士"或"画士官"等。⑤

由于明初严酷的文化专制政策，初创时期的宫廷绘画主要沿袭元人传统，虽创作活跃，画法多样，功力深厚，但却偏于工谨，少见新意。明代正统朝的画士们在法海寺所绘佛会图、三大士图、二十诸天及侍从图等，正是明前期皇家佛教美术文化的典范。这些题材，在四川明代佛寺壁画中不断得到发挥和改造，如三大士图的结构在十二圆觉菩萨题材中保留着，二十诸天题材进一步与道教融合，世俗化为二十四诸天等。

宫廷鸠集那么多善画人士，是否民间画工就羸弱了呢？不然，这点从四川、山西等地明代佛寺壁画的水准就看得出来。据记载，江宁（宜兴）民间画工蒋子诚于永乐年间被征

---

① （明）黄淮：《黄介庵集》卷九，《四库全书存目丛书》，齐鲁书社，1996年，第50页。
② 单国强、赵晶：《明代宫廷绘画史》，故宫出版社，2015年，第18页。
③ 华彬：《中国宫廷绘画史》，辽宁美术出版社，2003年，第285页。
④ （清）张廷玉等：《明史》卷七十六《职官志五》，第1862页。
⑤ 华彬：《中国宫廷绘画史》，第286页。

召入京,以画释道神像而与赵廉画虎、边文进画鸟并称"禁中三绝"。其画观音大士像等诸多作品,因技艺超群被冠以"有明第一手"的称号。[①]所以,明代佛寺壁画有很多精美者虽然打上宫廷美学的烙印,但并不一定是宫廷画家所绘,民间绘画圣手也能出产高水准作品。那种认为壁画一定是民间画工所绘,或稍微好一点的作品一定是宫廷画家所绘的观点,是以前浮浅机械的美术史学观念。真正的认知都需要实地调研,实事求是地记录分析,这是题外话。

明英宗正统朝中后期,宦官王振擅权并大肆佞佛,违逆以前诸帝的宗教策略,形成了宦官修庙建寺的风气,如役使军民上万人,费物料巨万而修缮京城大兴隆寺,修建私家寺院智化寺等,寺庙的装饰极尽奢华繁褥。

由于"土木之变",受宦官扶持过的佛教被卷入政治漩涡,贬责讨伐声不绝。明英宗被俘后,其弟明代宗朱祁钰即位。景泰七年(1456),明英宗被瓦剌放归复辟,年号天顺。由于处于内忧外患的社会环境,英宗参与祈祷各路神明的活动增加,积极投入寺院建修,不但营建了与其命运相关的皇姑寺,还大赐寺院匾额,仅天顺元年十、十一两个月,他就赐在京并浙江等处寺额和在京在外诸寺额各四十。这导致其他寺院跟风求请赐额,于是不堪其扰的英宗十二月下令禁止了。这种特权寺院,客观上也推动了佛教流行。

明宪宗成化朝被史家确定为明朝衰转的重要时期。[②]朱见深本人极宠信释道二教,自称当皇帝后"凡一切神祠及孔子庙庭罔不一新"。[③]他还好奇淫邪术和方术,得宠的邪恶僧道锦衣玉食,导致佛教文化生态扭曲,朝政腐败丛生。这一时期饥馑灾难频发,出家既可以谋生,还可以升迁,鬻僧道度牒成为朝廷募集赈灾物资钱粮的重要手段,明代早期帝王限制佛教规模的教诲被泛滥的现实所取代。成化二十一年,礼部尚书周洪谟上书说:"成化十七年(1481)以前,京城内外敕赐寺观至六百三十九所,后复增建,以至西山等处相望不绝,自古佛寺之多未有过于此时者。"[④]弘治九年(1496)南京礼部给事中屈伸上疏言:"谓天下僧道额设不过三万有余。自成化二年以来,三次开度,已逾三十五万……妨政害治,莫甚于此。"[⑤]现存四川明代佛寺壁画,明成化年间约占大半,应该与宪宗朝这种盲目扩大寺院规模、泛滥扩张僧众人数的大环境分不开。

明孝宗朱祐樘开创了"弘治中兴",其新政之初,开始议论沙汰佛教事宜。明孝宗严厉清理成化时滥封的真人、法王等,重申寺、僧额度限制,支持拆除私创寺观等。但弘治中后期,朱祐樘沉湎教事,在宫内外经厂[⑥]及佛寺广设斋醮,政权回归到宦官擅权的局面,颓势尽显。

在明代宫廷中,皇帝、后妃大多佞佛,刺激了宫廷内佛教艺术的发展,宫中佛像遍布于

---

① 袁世全主编:《誉称大辞典》,汉语大词典出版社,2003年,第465页。

② 周齐:《明代佛教与政治文化》,第62页。

③ (明)朱见深:《御制重修灵光寺碑》,北京图书馆金石组:《北京图书馆藏中国历代石刻拓本汇编》,中州古籍出版社,1989年,第52册,第148页。

④ (清)于敏中:《日下旧闻考》,北京古籍出版社,1983年,第986页。

⑤ 《明孝宗实录》卷一一三。

⑥ 经厂,一种准寺院,分汉经厂和番经厂。汉经厂内官,平时习释氏经忏;番经厂内官,平时习西方梵呗经咒。

屋宇梁柱或室内陈列。宫中还专门设立了经厂为皇帝、后妃等提供礼佛服务。遇到重大日子，如正旦、中元、帝王诞辰等，两经厂内官则于内廷置办道场，举行法事；其仪规、作法遵循汉僧、番僧的专业佛事活动。①

明代中后期宦官专权，国力日弱，佛寺壁画创作是否就停滞了呢？这是传统美术史观的认知。事实上，艺术创作在腐败下也能发展，因为畸形的审美需求和资金流向，艺术创作甚至会得到极大扶持。只不过现在留下来的遗存并不多见，这并不能反推当年不繁荣。存在归存在，毁灭归毁灭，这是不同的发展逻辑。

通观明朝洪武至弘治诸帝王的怀柔或压制的宗教政策，客观上提升了明代佛教界整体的教义认知水平，因此，明代前期的四川佛寺壁画内容，主要还是依据经典和仪轨，创作端正而富丽，世俗化程度并不算高。洪武之治、永乐盛世、仁宣之治等社会经济的发展，加之各帝王对佛教的怀柔政策和参与，以及宦官大肆佞佛，客观上促进了宫廷和民间佛教艺术的发展。可以想见，如果不是历次兵火毁坏，我们一定能领略到一部跟教科书结论不一样的明代佛教壁画艺术史。

## 二、四川佛教及其艺术活跃发展的推动

隋唐至元明时期巴蜀地区高僧辈出，民间佛事活动活跃，从根本上促进了四川明代佛寺壁画的兴盛。

### （一）高僧辈出的影响

作为佛教弘法的重要通道，我国南方丝绸之路与北方丝绸之路在巴蜀地区交汇，激荡出灿烂的佛教文化艺术。自古以来，无论是汉地僧人、西域僧人抑或是藏地僧人，或游方，或驻锡，求学取经，讲经布道，禅坐修行，都客观上促进了四川佛教及其艺术的发展。

隋唐以降，直到宋代，佛教在我国实现了本土化的华丽转身，对四川佛教影响较大的有禅宗、净土宗②和密宗。③据弘一法师《佛法宗派大概》一文分析，有明一代，华严、法相、天台、律宗均衰落，而禅宗、净土、藏密兴盛的缘由，是人们的急功近利需要，净土"念佛成佛"、禅宗"见性成佛"、藏密"即身成佛"的快速高效可谓是其在世俗社会眼中的共同特点。

众所周知，"言禅者不可不知蜀"，可见自古巴蜀禅宗影响力之巨大。隋唐时期，益州（成都）有记载的高僧28人，其中，禅宗五祖弘忍的弟子资州智诜、④什邡的马祖道一、⑤简

---

① 程恭让：《明代太监与佛教关系考述（上）》，《首都师范大学学报（社会科学版）》2002年第3期。(明)刘若愚：《酌中志》，北京古籍出版社，1994年，第116、119页。

② 净土宗，称念阿弥陀佛名号，求往西方极乐世界的宗派。

③ 密宗，修行者自观为佛，"三密相应"，即身结印，口诵咒，意作观，还必须依师灌顶密授。在中国有唐密和藏密之分。唐末至南宋间，唐密在四川有较大规模的传播，如安岳和大足石刻艺术所表现的。

④ 智诜（609—702），受学于五祖弘忍，学成归里后弘传"东山法门"，开创了巴蜀禅宗历史，是净众——保唐禅系的奠基者。

⑤ 马祖道一（709—788），于江西龚公山开喝棒竖拂之禅风，影响深远，称洪州宗。马祖上承南岳怀让、曹溪惠能，门下数传形成沩仰、临济两宗。临济宗在宋代又开成黄龙、杨岐两派。

州的德山宣鉴、①西充的圭峰宗密、②眉州的悟达禅师知玄③等皆闻名全国。相应的，资中、广汉等地也存在大型佛寺壁画，其他地方有很多佛教石窟寺，这绝不是简单的巧合，而是佛教文化中慎终追远、源远流长传统的反映。

　　唐代皇帝对四川僧人也比较倚重，如唐中宗曾诏益州慧义寺的高僧清虚入宫祈雨。尤其在国难时，唐玄宗避难入蜀时应僧人之请，敕建成都大圣慈寺；唐僖宗诏知玄、休梦禅师问法，前者敕建新都宝光寺，后者赐额改建元寺为昭觉寺。

　　上述宗师的存在，以及帝王对佛教大德的优渥，为唐代四川佛寺壁画的繁荣奠定了坚实的基础。

　　马祖道一和宣鉴的弟子在晚唐、五代陆续发展成临济、沩仰、法眼、云门宗（禅宗"一花开五叶"的说法，是指这四个宗派加上曹洞宗），占唐代禅宗初期禅派的半壁江山，巴蜀出现不少著名僧人。

　　两宋时期，四川地区出现了一批文化造诣很高的僧侣，如宋代四川遂州的雪窦重显禅师、④崇宁（今郫都区）的圆悟克勤、⑤临邛（今邛崃）的清远、⑥嘉州龙游（今乐山）的别峰宝印、⑦潼川府天宁则禅师、西蜀广道、表自禅师⑧等，皆影响一代。四川作为东西文化的枢纽，境内境外僧人交流频繁，促进了佛教在四川的流播。如陕西人继业三藏大师，到天竺求取舍利及贝多叶经后，到峨眉山修建了牛心寺。只是这种势头在元代得到遏制，由于皇帝崇尚喇嘛教，四川汉传佛教高僧大批东下，四川人文之光才一时黯淡下来。

　　明代四川佛教还是较活跃的，仍以禅宗最盛，临济、曹洞影响颇大。僧人们精进不已，化缘十方，建寺妆彩，才形成明代前期佛寺壁画繁荣的局面。

　　明中后期，四川地区的佛教发展在川东、川北有所进展，如大竹的临济虎丘派高僧破山海明（1597—1666），长期住持在"西南禅宗祖庭"梁平双桂堂，使禅宗临济宗派形成双禅系；杨岐大慧派聚云吹万（1582—1639）驻蜀东中州（忠州）聚云寺形成"聚云"禅系，不过二者派系矛盾不断。但佛教文化的这些发展已经与佛寺壁画创作的节奏拉开了距离。

　　从佛寺壁画本身的角度来看，有唐以来，一大批画僧在四川驰骋，如贯休对四川佛寺壁画中罗汉题材的影响巨大。在《益州名画录》《图画见闻志》《画继》等古籍中，我们还

---

　　①　德山宣鉴（782—865），世称"德山棒，临济喝"。这种"棒喝""机锋"所形成的门风主导着后世禅宗的发展。德山宣鉴上承龙潭崇信、天皇道悟、石头希迁、青原行思、曹溪惠能，属于惠能南禅的青原系，下传雪峰义存并开出云门、法眼两宗派。

　　②　宗密（780—841），华严宗五祖。白居易称赞他"口藏传宣十二部，心台照耀百千灯"（《赠草堂宗密上人》）。

　　③　悟达国师（811—883），唐武宗会昌灭佛与其忤旨有关。但他挺过"法难"，重光佛法，堪称佛门大雄。其创《慈悲三昧水忏》流传至今。

　　④　雪窦重显（980—1052），宋代文字禅的著名代表人物，被誉为云门宗中兴之祖。其所撰《颂古百则》的评唱被圆悟克勤发展为《碧岩录》，影响后世禅风。

　　⑤　圆悟克勤（1063—1135），先后弘法于四川、湖北等地，晚年住持成都昭觉寺。"圆悟"乃皇帝赐号。被认为是五祖法演门下"三佛"之首。他的被禅林称为"宗门第一书"的《碧岩录》，使禅风由"不立文字"转向"不离文字"，使"文字禅"也成了禅宗的主流。

　　⑥　清远（1067—1120），杨岐派禅师。与圆悟克勤同为法演门下"三佛"之一。

　　⑦　别峰宝印（1109—1190），既弘法蜀中，又卓锡江南诸寺数十年，法音蜩及东南半壁，尽领宗门风骚。

　　⑧　见宋释晓莹集《罗湖野录》卷二。

可以列出长长的画僧名单，他们如众星拱月一般，将那个艺术的时代装点得分外美丽。在西南的云南、贵州也有诸多画僧，如《宝华山志》卷十二记载：名僧读体生而神敏，喜欢旅游，擅长绘画，曾在寺中和明宗室朱烟离作《孤舟蓑笠翁独钓寒江雪图》，后又作《五十三参图》祝三昧和尚寿。[①]

当然，四川明代佛寺壁画的产生，还与各个佛寺当年主持的僧人徒众有直接关系，他们不一定是四川人，但都受四川的佛教大德感召，扎根在蜀地的山明水秀之中，完满了他们佛法修为的人生，留下了壁画遗迹成为生的明证！

**（二）居士的影响**

"居士佛教"现象是佛教发展的必然。自古以来，居士即占佛教徒的绝大多数。他们社会阶层复杂，那些在权势、财富、学识、能力等方面突出的人物，诸如帝王将相、富商巨贾、硕学鸿儒、能工巧匠等，既是僧团引导教化的对象，又是僧团生存发展的支柱。

对四川地区影响巨大的居士首推新津的无尽居士张商英（1043—1121）。他于宋徽宗大观四年（1110）继蔡京之后担任宰相，以主持短期的政治改革而名重一时。北宋哲宗元祐八年（1093），他得禅宗黄龙派兜率从悦禅师（1044—1091）启发并被授予印可。他还参访过照觉常总、兜率惠照、玉溪慈、圆悟克勤、玉泉承皓、丹霞德淳、普融道平、大洪报恩、觉范惠洪、真净克文、大慧宗杲、灵源惟清等。张商英曾注《楞严经》《法华经》，是有史以来第一个作论护法的儒者宰相。他的《宗禅辩》《护法论》驳斥了以欧阳修为首之儒家排佛学者的论调，并判儒释道教之异同，强调佛教之优异性，还为若干较流行的佛教信仰形式进行了辩护，在中国居士佛教史上占有相当重要的地位。

对于佛寺壁画艺术而言，传说张商英圆寂后，家人舍宅而成新津观音寺，也算为明代壁画种下了机缘种子。张商英曾为《佛国禅师文殊指南图赞》作序。《佛国禅师文殊指南图赞》以善财童子五十三参的故事为原型。《图赞》结构如下：一、在卷首题名后有一序；二、卷首之后记善财童子次第参访的经历，在每次参访的记述文字之后配一幅善财童子参访图，图下还附有一首赞偈；三、最后一则记述佛国禅师对善财童子的评价，也附有图、赞。四川地区明代佛寺壁画中善财童子五十三参作为一个重要题材，与张商英的影响关系甚大，如蒲江河沙寺壁画等。

据清代彭绍升（法名际清）所编的《居士传》记载，在全书56卷中共收入304人的传记，明代居士立传就占有17卷，人数达107人之多。[②]在《室名别号索引》中，明代著名的文人居士超过500人。如果说，隋唐僧侣佛教兴盛是以宗派林立为标志，那么明代则以居士佛教兴盛为主要形态，表现为它们形成了各自的社会流派，民间宗教活动非常活跃。所以，明代佛寺壁画的辉煌与居士队伍的壮大是相呼应的。

当然，那些在壁画中出现的供养人，那些参与壁画创作的居士工匠等，以人力、物力、财力、精神力表达对三宝的恭敬，是他们直接促成了佛教壁画艺术的繁荣。他们祈福的美

---

①　见陈垣：《明季滇黔佛教考》卷三《僧徒之外学第八》，中华书局，1989年。

②　（清）彭绍升：《居士传》，《卍新续藏》第88册。

好愿景都蕴藏在画笔、题记中,与世俗世界汇成无尽的慈悲愿力之海。

## 三、经济文化发展推动四川明代佛寺壁画

庄严佛殿是佛教发展的大事,但高昂的资费需要强大的经济支撑。仅工程完工后的工资奖赏一项就很多,如《明英宗实录》卷一七一载,在明英宗年间,大兴隆寺完工后,赐督工太监尚义纻丝一表里、钞一千贯;工部右侍郎王永和纻丝一表里、钞五百贯;另外,内官黎贤、主事蒯祥及把总、作头、工匠、官军等各赏钞有差。[①]所以,四川明代佛寺壁画发展得益于经济文化的发展。

古代四川,江河纵横,高山横亘,蜀道艰难,是一个较为封闭和自足的经济区域,具有重要的战略地位。秦代巴蜀郡守李冰在古蜀王朝开明相凿离堆的基础上,修建了都江堰,使川西平原雨润自足,五谷丰登,“天府之国”借此孕育出优厚的人文物华。

秦始皇为了打破政治势力的平衡,曾经迁六国贵族到古巴蜀地区,在带来富庶的经济时,也带来了中原先进的人文根基。此后至蒙古入侵前夕,四川可谓顺风顺水,人文荟萃,儒、佛、道[②]三家各领风骚,勃兴起号称“蜀学”的文脉支流。《四库全书总目》关于元代费著撰《岁华记丽谱》的提要说:“成都自唐代号为繁庶,甲于西南。……其侈丽繁华,虽不可训,而民物殷阜,歌咏风流,亦往往传为佳话,为世所艳称。”[③]所以,唐宋时期四川就奠定了丰厚的文化经济根基、信仰民俗氛围。

四川地区在农耕文明中一枝独秀。仅丝织品而言,两汉时期,四川就出产了当时全国最好的麻布产品——黄润细布。质量上乘的蜀国织锦是古代西南丝绸之路上的大宗出口产品。唐天宝中,仅益州每年就交纳罗、绸、绫、绢十万多匹。前蜀亡国时,库存的绫、罗、纹、锦多达五十万匹。北宋平蜀后,将其府库财帛收运至京师,当时记载用“百里不绝”来形容其规模之大,遗憾至深。另外还有茶、盐、酒、精美的金银器具以及铁制品等。造纸业方面,成都产的花笺纸和麻纸也享誉全国。

唐代四川以繁荣的经济成为战时大后方,帮助唐王朝支撑渡过安史之乱与藩镇割据之乱。作为当时深层社会心理的表征记忆,巴蜀大地留下了无数佛寺壁画和石窟雕刻艺术的辉煌。五代的前蜀和后蜀时期,大批衣冠士人也来到四川躲避中原战乱,一时圣手名家、高僧大德云集,使得此时期的佛寺壁画延续着大唐遗风,只是那种张扬的风采逐渐变得稍显收敛。

宋初在四川地区实行护商政策,保护自由通商,并轻赋废禁(禁榷制[④]),使得四川的茶、盐等大宗商品流通无阻,花市、蚕市、药市等也十分活跃,极大地促进了巴蜀地区经济的发展。甚至在北宋时期,四川经济的繁荣发展已经达到急需大额纸币方便交易的状态,交子——全世界最早的纸币,得以在蜀地应运而生,而交子本身就是一件精美的

---

①　南炳文主编:《佛道秘密宗教与明代社会》,天津古籍出版社,2001年,第197页。
②　东汉中期时,洛阳太学生张陵在四川鹄鸣山结合巴蜀巫文化创造了道教。
③　(清)永瑢等:《四库全书总目》卷七十《史部二十六·地理类三》,中华书局,1965年,第626页。
④　禁榷制是指中国封建社会国家对某些重要的商品实行专卖的制度。

版画艺术品。

宋代资本主义因子活跃，与往昔王朝的人文风气不同，"宋儒重商"，蜀地士人经商更是成为当时经济文化生活中的一道独特风景线。据《宋史·选举志》记载，四川的科举士子在赴京赶考途中沉湎于商贸事项，"蜀士嗜利，多引商货押船，致留滞关津"，[①]赶考迟到。朝廷倒也宽容理解，延期开考，这在中国科举史上是罕见的历史烙印明显的新现象。宋代商业的发展，为四川的佛教艺术发展提供了充足的财富支援。

元世祖至元十五年（1278），四川被纳入元朝版图，当时，蜀地经济居全国十一个行中书省的末位垫底。虽然元政府对四川战后经济的恢复作过努力，例如四川人被列为第三等人，比第四等南人[②]地位要高，疏浚都江堰灌溉工程，鼓励垦荒屯田，然而，毕竟四川人口太少，经济恢复起来十分困难，效果并不显著，而且茶、丝等传统经济也失去了在全国领先的地位。这与元代佛教艺术衰落形成了鲜明的呼应关系。

明朝的国运基调是复兴，巴蜀地区经济的发展主要体现在人口和蜀道上。明太祖洪武初年开始组织移民进四川。据四川承宣布政使司的人口统计，洪武四年（1371）为60万，洪武二十六年达134万，明神宗万历六年（1578）涨到310万。随着人口增长，四川的经济文化快速发展，成为全国经济强盛的省份之一。经济的发展、优秀人才的流动，以及人们对祈福禳灾的需求，这些因素共同促进明代四川佛寺壁画事业走向繁荣。

明朝的蜀道又称连云栈，有南、北二栈之分。"按栈道由宝鸡进至褒城为连云栈，即北栈也。由沔县进历宁羌、广元、昭化、剑州为南栈，当川藏冲衢。"[③]从洪武二十四年（1391），景川侯曹震开凿广元千佛岩附近的险道，到武宗正德年间，剑州知州李璧整修所辖蜀道南段，砌石三百余里，路旁植树数十万株。明人王士性说："自古称栈道险，今殊不然，屡年修砌，可并行二轿四马。"[④]蜀道通途不仅促进了茶马贸易的发展，而且推动了四川文化的复兴。现今明代佛寺壁画遗存恰恰与明初人口增长、经济发展、文化交流频仍、人文复兴的时间段对应。如剑阁觉苑寺就在蜀道上，明中期四川产生的状元杨慎与平武报恩寺有文化关联。

"明朝末期（从隆庆元年至明亡），四川经济随着土地大量兼并，赋税繁苛，灾荒空前严重以及长期战争的破坏，走向全面崩溃。由此又导致了阶级矛盾的尖锐化，在四川爆发了大规模的民变、兵变和农民起义。"[⑤]由于祈福的需要，遂宁民众捐资绘慧严寺壁画，为四川明代佛寺壁画留下绝唱。

明清更迭之际，张献忠入川所带来的清初战乱与屠杀，使四川经济文化再度遭劫，佛寺壁画艺术式微。现代遗存的明代佛寺壁画因为地处僻远，逃过五百余年的数次劫难，竟

---

① （元）脱脱等：《宋史》卷一五六，中华书局，1985年，第3638页。
② 即原江浙、江西、湖广三行省和河南行省南部各族。
③ （清）严如煜：《（嘉庆）汉南续修郡志》卷一《栈道图》，嘉庆十八年，第23页。
④ （明）王士性：《广志绎》卷三，吕景琳点校，中华书局，1981年，第50页。
⑤ 王纲：《明末四川经济与农民起义》，《天府新论》1985年第2期，第36页。

然成为这片土地古典民间汉传佛教壁画艺术的最后血脉遗踪！

明代寺庙的经费来源有几种渠道：皇帝赏赐、施舍、募化、土地收益、出租房屋、开店铺、旅游活动等，跟我们今天的生活方式差不多。但我们现在投入钱财去画壁画，却画不出明代壁画的精神。原因是什么呢？这是值得深思的问题。

第二章

# 寓物则乐
## ——四川明代佛寺壁画之物质民俗与审美

物质民俗,是指在人们日常生活中包括居住、服饰、饮食、生产、交通等方面的民俗事象。四川明代佛寺壁画以其瑰丽而细腻的画笔,为我们展示出梦幻与现实间的物质民俗,彰显了四川先民们生命创造的活力和热情,烙印着他们希望的印记。

## 第一节 云想衣裳

英国评论家埃里克·吉尔(Eric Gill)在《衣服论》(*Clothes*, 1931)一书中将人制作和选择衣服装扮自己的意识和能力视为人与其他动物的本质区别。法国19世纪艺术批评家、诗人波德莱尔(Charles Pierre Baudelaire)更是精辟地宣称服装中蕴藏着时代的风气和美学,他在《现实生活的画家》说:"服装具有一种双重的艺术魅力:艺术的和历史的魅力。"[①]因此,服装在民俗学中被认为是没有文字的历史文献,是认识和理解各个"区域—族群"的生活和文化的绝好史料。

在四川明代佛寺壁画中,民间画工们以其精湛的技巧和瑰丽的想象,以及他们对现实生活的颖悟,为历史活化出中国古代的服饰美。

### 一、素纱禅衣

南宋陆游曾在《老学庵笔记》中形容宋代亳州出产的轻纱"举之若无,裁以为衣,真若烟雾"。[②]一直以来,人们皆以为这剔透缥缈的轻纱描写不过是诗人的艺术夸张。然

---

① [法]波德莱尔:《波德莱尔美学论文选》,郭宏安译,人民文学出版社,1987年,第474页。
② (宋)陆游:《老学庵笔记》卷六,李剑雄、刘德权点校,中华书局,1979年,第80页。

而，1972年长沙马王堆汉墓出土了两件西汉早期的素纱禅衣，[①]经测定，其长丝千米重仅1克，衣料每平方米重仅12—13克，真正是薄如蝉翼，轻若空烟，证实了诗意的描写竟源自现实的观照！（图2-1）

在四川新津观音寺明代十二圆觉菩萨壁画中，文殊菩萨就身穿如此曼妙的素纱禅衣。（图2-2）只是这禅衣没有马王堆的袖口和领口，显得更加澄明和轻盈。

图2-1 长沙马王堆出土的素纱禅衣　　图2-2 新津观音寺文殊菩萨着素纱禅衣

众所周知，"纱"是罗的一种，是由单经单纬丝交织而成的一种方孔平纹织物，其经、纬密度较稀疏，在每平方厘米织物上，一般分布着58至64根经纱，40至50根纬纱，织物表面充满孔隙，所以质地轻盈。在新津观音寺文殊菩萨的禅衣上，画工用珍珠粉勾绘出精细工整、均匀挺拔的六菱花瓣图案，每一个微小的花瓣都由五十多根细若游丝的线条组成。（图2-3）这种宛若真纱织纺的绘画方式，让人叹为观止！

新津观音寺壁画中的素纱禅衣为我们展现了古代四川令人骄傲的纱织水平。一般来讲，人们往往只称道古代巴蜀的织锦，言成都为"锦官城"，对其纱织技艺的辉煌却往往不甚在意。四川丝织历史悠久，这种名贵的纱料精工细作，工艺高超，

图2-3 新津观音寺文殊菩萨身上的冰纹

① 禅，音dān，意为单衣。《说文·衣布》："禅，衣不重。"段玉裁注："此与'重衣复'为对。"

诚如白居易《新乐府辞·缭绫》所言:"天上取样人间织",[1]非普通百姓所能消受。

"罗"在商代已经出现。在唐代,四川的单丝罗跟浙江的越罗均享盛名。明代曹学佺《蜀中广记》卷六十七记载:唐中宗李显(656—710)时安乐公主出嫁,蜀地进奉"单丝碧罗笼裙",采用"细如发丝"的金线织成花鸟,"花卉鸟兽,皆如粟粒,正视旁视,日中影中,各为一色"。[2]唐代诗人王建有一首《织锦曲》,透露官府勒逼下的织锦女工在工头(亦即"长头")的带领下为宫廷冬天织单丝罗,夏天织锦的历史:

> 大女身为织锦户,名在县家供进簿。长头起样呈作官,闻道官家中苦难。回花侧叶与人别,唯恐秋天丝线干。红缕葳蕤紫茸软,蝶飞参差花宛转。一梭声尽重一梭,玉腕不停罗袖卷。窗中夜久睡鬟偏,横钗欲堕垂著肩。合衣卧时参没后,停灯起在鸡鸣前。一匹千金亦不卖,限日未成官里怪。锦江水涸贡转多,宫中尽著单丝罗。莫言山积无尽日,百尺高楼一曲歌。[3]

尽管诗中多是悯恤底层百姓的不平之声,但是,追求并描绘美好生活的憧憬,却成为民间艺术中一道靓丽的风景线。

据《老学庵笔记》卷二载,宋代"遂宁出罗,谓之越罗,亦似会稽尼罗而过之"。[4]这里"遂宁"是四川的一个市。

在元代,四川连连战乱,丝织业遭受严重破坏。由于各地反抗不断,元统治者诏令实行"火禁",成都先秦直至唐宋家家机杼声的繁荣夜景不再。元代蒲江人戴良《赋廉范五袴送马太守》记录了当时境况:

> 成都妇,何太苦。官家火禁猛如虎,夜长不得秉机杼。就中小姊最堪怜,箔蚕已老雪团团。欲缫新茧为匹帛,有烛当窗不敢燃。[5]

火禁只是民间丝织业受妨碍的次要原因之一,元代官营丝织业订单转移到大都(北京)和弘都(河北原阳)等因素才是四川织锦规模相对前代大幅度萎缩的主要原因。所以,不难理解,意大利旅行家马可·波罗到成都(1275—1292)考察时,对蜀人制织绉纱[6]和绫绸有记载,而对曾经辉煌的蜀锦则无只言片语。

明朝四川丝织业在元代衰颓基础上有所恢复和发展,如《明书·方域志》有成都"俗不愁苦,多工巧,绫锦雕镂之物被天下"[7]的记述。那些多余的丝织品被贩卖他郡,获利丰

---

①　(宋)郭茂倩编:《乐府诗集》卷九十九,中华书局,1979年,第1380页。
②　(宋)司马光:《资治通鉴》卷二〇九,中华书局,1956年,第6624页。
③　(宋)郭茂倩编:《乐府诗集》卷九十四,第1316页。
④　(宋)陆游:《老学庵笔记》卷二,第23页。
⑤　杨镰主编:《全元诗》,中华书局,2013年,第58册,第75页。
⑥　绉纱是古代纱织物。这种纱,表面自然绉缩而显得凹凸不平,虽然细薄,却给人一种厚实感。
⑦　(清)傅维鳞:《明书》卷四十二,清康熙三十四年本诚堂刻本,第657页。

厚。但是，这种衰颓之势由于三个原因还在继续，导致明代"天下蚕事疏阔"的局面：一、唐宋时成都织造的绫锦高级丝织物大多转移到苏、杭、松、嘉、湖五个织染局去了；二、元初传入、明代普及的棉花种植、棉纺织技术的发展；三、明末清初（1644—1681）四川再遭兵燹，战乱长达三十七年，《（嘉庆）华阳县志》卷四十二记载："锦坊尽毁，花样无存。"①

新津观音寺文殊菩萨身上的素纱禅衣不仅是四川辉煌丝织成就的历史记忆，还体现着四川艺匠开放的地域文化情怀。绘制素纱禅衣展现高超技法，是唐宋以来品位等级较高的壁画的保留节目之一。如北京法海寺的水月观音像，其披纱上的菱花图案，每一花瓣都由四十多根金线组成，沥粉贴金，细如蛛丝，展现出宫廷圣手的技巧已臻登峰造极之境。

这种素纱禅衣的描绘在韩国佛寺壁画中也能看见，如湖岩美术馆藏高丽时代（918—1392）的《水月观音菩萨图》，"纤细优美，绚烂流丽"。②（图2-4）可以说，中国佛教艺术表现有一种跨越地域的开放性和关联性，尽管四川、北京与韩国相距甚远，但共同的佛教泛亚太文化圈，以及中国佛教艺术本土化的开拓，使得地域的限制和疆界无法阻碍文化情怀的熔融。

图2-4　《水月观音菩萨图》局部
绢本着色　119.2×59.8厘米
高丽时代　韩国湖岩美术馆藏
（宝物926号）

## 二、天衣飞扬

在四川明代佛寺壁画中，诸神的服饰各具特色，使我们可以一窥明代的服饰文化。

诸神的衣服，在中国文化中也有"天衣"之称，意即"天人之衣"。如公元493年七月，齐武帝萧赜遗诏曰："我识灭之后，身上着夏衣画天衣，纯乌犀导，应诸器悉不得用宝物及织成等，唯装复夹衣各一通。"③这里"天衣"前缀"画"字，喻示着这是一种与绘画有关的丧葬礼俗，当然，宫廷或民间对"天衣"的追求，必然与道、佛抑或是巫的信仰相呼应。

需要指出的是，追溯"天衣"的历史，我们发现大多跟女神有关。女性神祇的服饰无论式样和搭配都比男性神祇要更加丰富多彩，所以我们先看看女神的天衣吧。

在绘画艺术中，魏晋南北朝就存在对道家天衣描绘的典范——顾恺之的《洛神赋

① 转引自四川省地方志编纂委员会：《四川省志·丝绸志》，四川科学技术出版社，1998年，第6页。
② 陈明华：《韩国佛教美术》，文物出版社，2009年，第116页。
③ （梁）萧子显：《南齐书》卷三《武帝纪》，中华书局，1972年，第61—62页。

图2-5　魏晋时期顾恺之《洛神赋图》局部

图》。（图2-5）图中天女"奇服旷世，骨象应图。披罗衣之璀粲兮，珥瑶碧之华琚。戴金翠之首饰，缀明珠以耀躯。践远游之文履，曳雾绡之轻裾"。①裙裾衣带迎风飘舞，翩若惊鸿，婉若游龙，但总体来讲，动态的翩然，修饰的素淡，"初发芙蓉"是其典型特质。而同时期的佛家器物上，也有类似的天衣描绘，如南京灵山南朝大墓出土的一件青瓷莲花尊上的天女装饰。那些长长的飘带在唐代敦煌莫高窟的壁画中，终于嬗变为飞天曼妙的身姿。段成式曾在《京洛寺塔记》中用"天衣飞扬，满壁风动"②来形容唐代画圣吴道子所绘平康坊菩萨寺壁画《礼骨仙人》，其实这也是佛教壁画非常重要的民间传统之一。只是有唐以降，随着写实造型能力的提升，天衣的美学意蕴由魏晋的"初发芙蓉"转向"错彩镂金"，"纤瘦古雅"的身形也转向了"丰腴华美"。

　　四川新津观音寺西壁南铺的供养天女壁画诠释了这种魏晋以来天衣文化的嬗变结果。（图2-6）那种包裹身体的道德含义明确的魏晋服饰被佛家"色空"思想主导的裸露肌肤取代，同时也因为要跟儒家道德思想调和，所以女神的香肩上覆盖上了轻盈的披肩和帔帛。魏晋的当风裙裾飘带被琳琅满目的珠宝修饰，宽大拖尾的裙幅也被不同质地的裙幅取代。总体看来，明代的女神充满人间烟火，飘带被珠宝的重量压坠着，少有洛神般的空灵风动，却多了几分绚丽华彩。

　　女性化的菩萨也身着天衣，但其身姿是肃穆而祥和的。天衣的目的是庄严，所以，画工对菩萨的描绘可谓集万千珍馐于一身，如四川明代佛寺壁画中的十二圆觉菩萨。我们来看看新津观音寺的辩音菩萨，其天衣服饰系统包括绾发髻，戴宝冠，裸上身，披天衣，下着长裙，佩饰耳珰、项链、臂钏、腕钏、足钏、璎珞等，符合经典的记叙，如《妙法莲华

图2-6　新津观音寺西壁南铺供养天女衣飞扬

---

　　①　（魏）曹植：《洛神赋》，（清）严可均编：《全上古三代秦汉三国六朝文·全三国文卷十三》，中华书局，1958年，第1122—1123页。

　　②　（唐）段成式撰，许逸民校笺：《酉阳杂俎校笺·续集卷五·寺塔记上》，中华书局，2015年，第1840页。

经·普门品》的"即解颈众宝珠、璎珞,价直百千
两金",[①]敦煌变文《文殊问疾》的"整百宝之头
冠,动八珍之璎珞"。[②](图2-7)

　　然而,服装修饰的菩萨形象具有强烈的民
族观念与时代特色。印度早期菩萨造像取材于
生活中的高贵种姓,如婆罗门、刹帝利中那些符
合时代审美的男性样式,一般长须,秃顶披发,
裸露上身,佩戴珠宝璎珞或其他精美饰品。一
种着衣方式为"偏袒右肩式",即以衣物从左肩
斜披而成,裸露右胸和右肩。一种着衣方式为
"通肩式",将衣物前披向肩后,领口处有披巾自
胸前披向肩后,衣物随着身体形态垂悬形成若
干平行的"U"纹线。这些服饰是古代南亚次大
陆地域风俗的反映。据玄奘《大唐西域记》卷
二"衣饰"中记载,在古代南亚次大陆,无论男
女都可"首冠花鬘,[③]身佩璎珞。……国王、大
臣,服玩良异。花鬘宝冠,以为首饰;环钏璎珞,

图2-7　新津观音寺辩音菩萨天衣庄严

而作身佩"。[④]所以,沿丝绸之路自西向东所传佛教造(画)像中的天衣璎珞等装束,多源
自印度等地宫廷和民间的服饰。满是天仙佛国意味的汉传佛教壁画,其造型根源依旧是
斑斓的生活写照,只是因为文化差异形成的陌生感,这些装束才愈发闪现出神性的光辉。

　　魏晋南北朝以后,佛教造像随着佛教教义逐渐汉化以及造像粉本受中原民族着装风
格的影响,也逐渐本土化。如此时流行的"褒衣博带式"佛衣,被认为是袈裟披法的中国
化,"宽襟大袖"和"束腰大带"乃士大夫"衣冠华族"的喜尚。

　　魏晋南北朝至唐末,观世音菩萨服饰整体风格以犍陀罗佛像艺术为模板,吸收了大
量南亚次大陆民间甚为流行的花鬘璎珞装饰。下身多穿着长裙。上身装饰创意的重点,
一是颈饰项圈系列;一是胸饰串形物,多由花鬘或串珠组成,从颈部垂到胸部。但有两种
从左肩往下斜挂到右方腰腿部的花鬘装饰:一种是花环形,一种是线形(或带形)。其中
最常见的观世音菩萨花鬘装身模式,或在乳房下一绕而上;或披在腰带内侧;再者长的
则从臀部一绕。腹部装饰主要体现在腰带(宝带)的造型创意,由珠宝金属构成。另外,

---

　　①　(姚秦)鸠摩罗什译:《妙法莲华经》卷七,《大正藏》第9册,第57页。
　　②　项楚:《敦煌变文选注》上编,中华书局,2006年,第822页。此文特点是先引述一段经文,然后边讲唱,敷衍铺
陈,有时一二十字的经文,被渲染成二三千字的长篇大幅。
　　③　花鬘,用花做成之鬘。即以丝缀花,或结之,作为颈上、身上的装饰。以花鬘装饰人身,本来是印度风俗,但依戒
律,比丘不得装饰花鬘,仅能悬于室内,或以之供佛。关于作花鬘之花,《大日经》卷二《具缘品》列有钵头摩、青莲、龙华
奔那伽、计萨啰、末利、利爅蓝、瞻卜、无忧、底罗剑、钵吒罗、娑罗等。《毗尼母经》卷五则举十一种,即优钵罗华、婆师迦
华、瞻卜迦华、阿提目多迦华、打金作华、打银作华、白蜡华、铅锡华、作木华、作衣华、作带华。后世依《守护国界主陀罗尼
经》卷九所述采用种种珍宝作花鬘以为供养,甚至包括金属材料。
　　④　(唐)玄奘、(唐)辩机原著,季羡林等校注:《大唐西域记校注》卷二,第176—177页。

菩萨上臂部和腕部佩戴"臂钏",在踝部佩饰"足钏",目之所及,让人有琳琅满目的美感。(图2-8)

进入宋朝,由于佛教思想在中国大陆的成熟和稳定,佛教服饰渐由西域风情与中国本土审美风格相融合,兼并吸收而发展成独具中国特色的汉化观世音菩萨服饰。

佛教造像中,如果说璎珞代表华丽与高贵,披帛则负责抒写轻灵与升腾。披有两类:一类俗披,即世俗人之披帛;另一类是仙披。先说说俗披,一条披搭于肩、旋绕于手臂间的长条状纱罗类织料轻巾,或有绘印花纹,或有金丝银线织就的图案。有学者认为,这种装束来源于波斯,甚至远溯希腊,其形式的美感,既体现在印度女孩的沙丽中,也体现在龟兹舞伎的舞衣中。当这些装束在汉地一出现,吸纳融合就奇妙地发生了。我们看见,在佛教东传的南北朝壁画中,就有女供养人身服披帛的图像了。在唐宋时代,披帛流行,其将大唐女子曼妙身体的视觉审美效果延伸,营造出静立垂衣如深潭处子,裙动飞袂如熏风拂柳的超拔美感,诚如孟浩然《春情》诗"坐时衣带萦纤草,行即裙裾扫落梅"[①]所尽述。可以说,敦煌壁画中飞天披帛的御风长舞,是佛教神圣的审美理想与世俗际会的一次审美创作力的勃发。

在开元、天宝时期太原都督乐廷环夫人王氏供养像中,主要人物作贵族命妇盛装,肩披多层轻绡薄縠长披帛。学界有人认为此为"钿钗礼衣"形制,也有人认为是"裙襦大袖"。[②](图2-9)《新唐书·车服志》称:"钿钗礼衣者,内命妇常参、外命妇朝参、辞见、礼会

图2-8　敦煌第432窟西　　图2-9　太原都督乐廷环夫人王氏供养像敦煌第130窟　盛唐
魏菩萨造像

---

①　(清)彭定求等编:《全唐诗》卷一六〇,中华书局,1960年,第1568页。

②　高承《事物纪原》卷三"衣裘带服·大衣"云:"唐则裙襦大袖为礼衣。"高承撰,李果订:《事物纪原》,商务印书馆,1937年,第108页。

之服也。"可见其等级很高,其下一级的"礼衣",据载:"礼衣者,六尚、宝林、御女、采女、女官七品以上大事之服也。通用杂色,制如钿钗礼衣,唯无首饰、佩、绶。"[①]虽然笔者倾向供养像中为"裙襦大袖"的定论,但也可以想见钿钗礼衣的审美风尚对世俗衣制的影响。

宋代以降,从皇家贵妇的"霞披"到平民女子的"直披",皆是天衣审美的世俗化映照。

而仙披和俗披的共同点很多,二者不过是审美交互影响的结果显现。仙披可分为络腋(络披)和披帛两种。披帛跟俗披一样。络腋,据慧琳《一切经音义》卷四十一:"本制此衣(络腋衣),恐污污三衣,先以此衣掩右腋,交络于左肩上,然后披着三衣。"[②]也就说,络腋早期是内衣,后来才外穿,形成装饰性搭配。当然,毕竟是天衣,在《佛说大乘庄严宝王经》等经典中,络腋有龙做的,有虎鹿皮或真珠璎珞为材质的,等等。

一种很有个性的披肩叫云肩,着时绕脖一周,披之肩背,或施彩绘,四周饰以绣边,或缀以彩穗,造型包括云纹形、如意形以及柳叶形等,装饰图案包含植物、动物、人物、器物及文字等。唐代李白以"粉图珍裘五云色,晔如晴天散彩虹"[③]来形容云肩的华美。

云肩的历史大约可追溯至秦汉,但其起源一直无法确定。

五代以前云肩多用于舞女,乐伎。

元朝仪卫及舞女亦穿云肩。《元史·舆服志》有记载:"云肩,制如四垂云,青缘,黄罗五色,嵌金为之。"[④]彼时贵族男女穿用云肩,并成为官服样式。

明朝一般妇女礼服流行搭配云肩。据清代徐珂《清稗类钞·服饰类》载:"(云肩)明则以为妇人礼服之饰,本朝汉族新妇婚时亦有之。"[⑤]

最早的类似云肩的图像,出现在莫高窟第420窟西壁龛外的隋代《维摩诘经变》壁画中。在四川地区,成都五代时期前蜀王建的石棺座四周浮雕有穿着云肩及披帛的女性形象。在蓬溪定静寺壁画中出现了着云肩的二十四诸天,其样式与电视剧《延禧攻略》中魏璎珞穿戴云肩与蓬溪定静寺诸天的云肩同款。(图2-10)蓬溪慧严寺壁画月宫天子的云肩样式与宋代云肩一脉相承。如果人们对慧严寺壁画的时代是明代还是清代还有所犹豫,将其月宫天子与明代《皕美图》中披云肩的妇女进行对比,我们发现二者造型风格很类似,晚明属

图2-10　电视剧《延禧攻略》中魏璎珞穿戴云肩与蓬溪定静寺诸天的云肩同款

①　(宋)欧阳修、宋祁:《新唐书》卷二十四,中华书局,1975年,第523页。

②　《大正藏》第54册,第581页。

③　(唐)李白:《酬殷明佐见赠五云裘歌》,(清)彭定求等编:《全唐诗》卷一七六,第1728页。

④　(明)宋濂等:《元史》卷七十八,中华书局,1976年,第1940页。

⑤　徐珂编撰:《清稗类钞》,中华书局,2010年,第13册,第6215页。

图2-11　明代《丽美图》中披云肩的妇女（沈从文、王㐨《中国服饰史》，陕西师范大学出版社，2004年）与蓬溪慧严寺月宫天子对比，造型风格类似

性很强烈。（图2-11）

四川明代佛寺壁画中女性的天衣，一方面与石窟造像的粉本一致，具有类似的结构，另一方面，匠人们设法将民间女性穿着引入壁画，如蓬溪慧严寺的电母秀天君所穿裙子上位于腰部的饰带——裙带。这个束缚在裙腰之上、披挂在裙外的腰带，多在节日庆典中穿戴，让裙装更精致美观。一般而言，裙带上端一般是独占花魁、牡丹祥瑞图案，或者是民间故事、戏曲、传说中的人物；裙带下端绣有云涌浪翻的水脚；裙带末端一般吊饰璎珞。裙带的美已经走入历史，在现代几乎看不见，而裙带衍生出的"裙带关系""裙带官""裙带风"等贬义词倒留下了，所以明代佛寺壁画记录下的信息更显珍贵。

另外，说说脚上的装饰美。在四川明代佛寺壁画中存在两种脚饰：一种为"具足圆满"，一种为"三寸金莲"。一般而言，佛教造像要依循《造像量度经》，追求对三十二相和八十种好的意味传达。典型的如指甲狭长，薄润光洁，手足圆满，柔净光泽等。在新津观音寺西壁南铺左上角之供养天女的脚就是这样"具足圆满"的瑞相。（图2-12）而随着世俗化的加深，四川明代佛寺壁画中也出现了因女性缠足的风俗导致的"三寸金莲"，如蓬溪慧严寺的电母秀天君。（图2-13）我们知道，明代盛行裹足风俗，女性被要求行不露足，所以常常穿着具有美丽花边装饰的长裙以遮掩小脚金莲，慎防意外"走光"。而且，"衣曳地则覆履，惟见底，故底高"，[①]这里明朝女性鞋子的

图2-12　新津观音寺供养天女的脚

---

① （清）俞正燮：《癸巳类稿》卷十三《书旧唐书舆服志后》，于石等点校，中华书局，2005年，第642页。

底高,不仅仅是为了增高炫美,而是为了防止落下"短衣见裙,为贱人之服"的恶性口实。

明清两代,裹脚之风盛行,尤以晋陕甘诸省最为狂愚,清乾隆时"甚至以足之纤巨,重于德之美凉,否则母以为耻,夫以为辱"。[①]

裹脚风俗发展出一款"高跟鞋"。清朝刘廷玑在《弓足》一文中叙述:"自缠足之后,女子所穿有弓鞋、绣鞋、凤头鞋,而于鞋之后跟,铲木圆小垫高,名曰'高底'。令足尖自高而下着地,愈显弓小。"[②]这种类似现代高跟鞋的"高底",能使女子身体重量都集中在"弓小"的脚尖上,虽然时间长了走得很娇喘吃力,但走姿婀娜,并显得身材高挑,可以满足男人怜香惜玉的审美癖好。

关于小脚的民俗有很多。比如古代男女订婚时,媒人要将女方的鞋样送给男方审查,如果男方想让女

图2-13　慧严寺壁画电母秀天君

方脚再小点,就会把鞋样剪下一圈儿送回女方,这就是"穿小鞋"的来历。在缠足时代的婚礼中,女方会准备多双(少则四双,多则八双、十双以上)陪嫁的绣花鞋,让亲朋好友评价新娘的脚美、手巧,因此这样的绣花鞋又称"看鞋"。它当然与平常的绣花鞋是不同的,一是面料考究,多用粉红、大红、玫瑰紫、淡蓝等绸缎;二是装饰吉祥,多是双石榴、梅兰竹菊、牡丹、葡萄、莲子荷花等;三是色彩喜庆,主要是红、粉红、黄、桔黄、绿等暖色。[③]正因为小脚、绣花鞋对民间太重要,所以在壁画上出现也就顺理成章了。

"天衣"在佛教文化中具有崇高的象征意义,鸠摩罗什译《不思议光菩萨所说经》是以"菩萨不以衣服为妙,当被法服以为严饰"进行开释的,经文中认为菩提之心、有惭有愧、坚誓庄严、质直无伪、勤加精进、志欲喜乐、除舍憍慢、欲法闻法、不起智慢、作于利益、舍一切物、护持净戒、调和忍辱、牢强精进无懈退心、得诸禅定解脱三昧、不坏智慧、大方便智、大慈、大悲、大喜、大舍、于诸众生无恼害心、敷演说法、如说修行都是菩萨服,都有自己的成就利益。经文总结说:"憍尸迦,应如是知菩萨法服,以法庄严生不裸形。"[④]

所以,佛教的"天衣"是超然纯善的存在。当然,抽象的教义抵挡不住世俗的声色张扬,"像教"最终把红尘美好的一面尽收囊中。《历代名画集》里评价宗教画家的作品时说:"朝衣野服,古今不失。"[⑤]四川明代佛寺壁画中诸神、侍者的天衣风动,定格了时光,留住了历史。

①　(清)福格:《听雨丛谈》卷七《裹足》,汪北平点校,中华书局,1984年,第156页。
②　(清)刘廷玑:《在园杂志》卷四,张守谦点校,中华书局,2005年,第174页。
③　参见岳永逸、赵姝、罗晓梅:《飘逝的罗衣:正在消失的服饰》,中华工商联合出版社,2007年,第103页。
④　《大正藏》第14册,第670页。
⑤　(唐)张彦远:《历代名画记》卷七,浙江人民美术出版社,2019年,第120页。

## 第二节　僧衣严身

僧人服饰是凡俗两分的标志。它附涵着深远的佛教文化和人生哲学，从印度次大陆传入中国之后，就融入中国的主流文化之中，从色彩、种类或形式差异等不同角度，反映出佛教教义、政治、经济、民俗等的深刻变化和汉化特点，成为民族文化的重要组成部分。四川明代佛寺壁画中罗汉、供养人、佛像等的僧装描绘，为研究古代僧装文化提供了宝贵资料。

### 一、源自印度，化适本土

在古印度，释迦牟尼参酌南亚次大陆民间及各教派的服装亲自制定了僧人的着装样式，彼时服饰质料以纱、麻为主，款式以披、挂为主，主要适应当地炎热的生活环境。

佛教倡导"高行制贪，不受施利"，因此早期佛教规定和尚衣料来源有五种：道路弃衣、粪扫处衣、河边弃衣、蚁穿破衣、破碎衣，实质就是"拾取人间所弃粪扫中破帛，于河涧中浣濯令净，补纳成衣"。①这样的"纳衣"②一者表示惜福，二者可驱除贪爱之心，有益于增长坚固道心。

蓬溪宝梵寺明代壁画第八铺《调伏老虎》中，绘制了僧人自己制作僧衣的场景：罗汉伐阇罗弗多罗一心不乱地缝补完刚脱下的袈裟正在收针。只见他绾完针结，右手翘小指牵引针线配合着用嘴咬断了线头，由于线头太小，不得不用左边牙齿，带动着左眼也眯缝起来。其造像形完神足，令人见画如晤面。这幅画也因此得名《罗汉补衲》，1937年被学者俞剑华教授收编在《中国绘画史》的卷首影印插图中。(图2-14)

在这张图中，我们还可以体会到僧衣的发展历史情境。印度是终岁炎酷的热带地区，只披挂单薄衣物遮盖即可。而在中国，气候整体比印度要寒冷，汉地民俗风情也非常不同，所以佛教传入后，僧侣服饰也必须化适本土，融入社会。壁画中罗汉伐阇罗弗多罗内穿白色短褂，外罩浅灰色交领右衽广袖长袍，正在修补的为外穿的袈裟，可以说是僧衣形制的集大成，因此非常具有典型性。

另外，印度炎热，僧人一般跣足，无鞋袜之累。到了我国，寒冷使出家人就有穿鞋袜的必要了。一般僧

图2-14　宝梵寺壁画第八罗汉伐阇罗弗多罗补衲图

---

① （唐）慧琳：《一切经音义》卷十一，《大正藏》第54册，第372页。
② 纳衣，即衲衣。纳，通"衲"。取人弃去之布帛缝衲之僧衣。也称百衲衣。

鞋僧袜都是古代民间的穿着样式,使得民间服饰转化为佛教文化符号了。《罗汉补衲》图中伐阇罗弗多罗就着白色袜子,结跏趺坐。

除了鞋袜,中国僧人还有僧帽。在早期佛教发展中,对戴帽是有禁忌要求的,如据《四分律》卷四十记载,佛言:"比丘不得裹头,是白衣[①]法。若裹头,如法治。时诸比丘头冷痛,白佛。佛言:听以氀、若劫贝[②]作帽裹头。"[③]而《大比丘三千威仪经》卷上规定"不得着帽为佛作礼"。[④]现在,出家人戴帽子已经比较自由了,僧帽形制也很丰富,如明代黄一正《事物绀珠》就载有"毗罗帽、宝公帽、僧迦帽、山子帽、班吒帽、瓢帽、六和巾、顶包"[⑤]等"释冠"。

毗卢帽亦称"莲花法师帽",绣有毗卢佛像,《西游记》中唐僧所戴即是。在四川明代佛寺壁画中,该帽出现在宝梵寺壁画北方多闻天王头上,详叙见后文。

宝公帽,又名志公帽。宝志乃南朝萧齐时代的高僧,时值齐武帝施行暴政,他以佛理感化齐武帝,使其尤敬典礼,"永废锥刀"酷刑。因此后世禅林推广宝志所戴布帽以纪其高行。宝梵寺壁画所绘达摩像就戴着宝公帽,此乃达摩像典型粉本,再现达摩所在时代的装束。但工匠没有将帽巾和袈裟分开,估计是对粉本没有吃透所致。(图2-15)

至于其他帽饰,因与四川明代佛寺壁画关系不大,或样式成为历史悬案,故不一一赘述。

图2-15 志公帽。左上为志公画像,左下为志公造像,右为宝梵寺壁画菩提达摩像

## 二、纳衣有制,等级有序

据《四分律》卷四十《衣揵度》载:"(世尊言)……佛弟子着如是衣,如我今日。"[⑥]表明僧衣与佛衣是一样的。僧衣能使僧侣与外道进行区分,形成文化身份的确认。《十诵律》卷二十七《衣法》载:"佛告阿难:此深摩根衣能法此田作衣不?……从今日听着割截衣",[⑦]表明阿难在佛陀的指点下,效法田地,割截布匹为长短不一的条,缝制而成僧衣。

汉朝时,我国佛教僧伽规范还未成型,僧人出家主要依止师父,跟师姓,穿俗家服装。

---

① 丁福保《佛学大辞典》:"(杂名)俗人之别称。以天竺之波罗门及俗人,多服鲜白之衣故也。以是称沙门,谓之缁衣,或染衣。"

② 氀,音cuì,指兽毛皮。劫贝即吉贝,木棉科植物。东南亚广泛栽培,古代即已传入我国。棉毛可为纺织原料。

③ 《大正藏》第22册,第858页。

④ 《大正藏》第24册,第916页。

⑤ 孙书安编著:《中国博物别名大辞典》,北京出版社,2000年,第484页。

⑥ 《大正藏》第22册,第855页。

⑦ 《大正藏》第23册,第194—195页。

东晋时,道安大师制定《僧伽规范》后,出家人皆姓"释",开始在重要法会着印度僧侣所穿之袈裟。

南北朝昙无德等翻译的律典在中国佛教界流布之后,僧人重视以"戒"为师,他们不仅有袈裟,还把当时世俗所穿服装纳入僧装,如大褂和海青等。

具体而言,佛教僧衣可分为袈裟和僧装两类。袈裟分"三衣"和缦衣。

当年佛在寒夜中试验,觉得"三衣"最适宜生存,故而推广。"三衣"分安陀会、郁多罗僧、僧伽梨三类。安陀会又名"五衣",平常劳作或就寝时穿用,是用五条布缝成的小衣,每条缀长布一块,短布一块,整体长四肘、广二肘半,按宋尺换算,长2.3米、宽1.1米;"郁多罗僧"又名七衣,为僧侣礼诵、听讲时穿用,是七条布缝成的中衣,受两长一短割截衣持,尺寸介于安陀会和僧伽梨之间;大衣即"僧伽梨",俗称祖衣,为三衣中最高的一等,方丈和尚或讲经说法时所穿用。大衣用9条、11条或13条两长一短,用15条、17条或19条三长一短,用21条、23条或25条缝制,得到下、中、上三品大衣。僧伽梨一般长五肘、广三肘,按宋尺换算,长2.8米、宽1.7米。

上述割截缝制的袈裟称田相衣、福田衣。而整幅不割截之衣,亦即用两幅布缝制而成之袈裟,称"缦衣"。

除了袈裟,僧人平常穿用还有海青、长褂、中褂、短褂等。这种僧服不是佛教原有的,而是佛教初传入时汉地的俗人服装,被佛教保存和沿用下来。"海青"特点为圆领方袍大袖,介于袈裟与常服之间。其得名,是因为江苏吴中一带把方袖衣称为"海青"故。"短褂"为僧人之内衣;"中褂"又称罗汉褂,长至膝下为劳作时穿;"长褂"又称长衫,为僧人的常服。在宝梵寺壁画、平武报恩寺壁画、剑阁觉苑寺第一和第十四铺壁画中,僧人的常服多有表现。

僧服与一般世俗衣物的不同还在于用色上,后者有选择自由,可用正色,而前者强调用坏色,故僧服又有缁衣、素衣等名称。[①]随着佛教信仰在民间的深度沉潜,僧服颜色逐渐向世俗倾靠,政治文化也对其产生了深刻影响。如唐宋朝廷多次赐予高僧大德紫衣、绯衣等;元代喇嘛教、密宗兴盛,僧服倾向于以黄色为主。明代,政府对僧服颜色有新规约,据《礼部志稿》载:"洪武十四年,令凡僧道服色,禅僧茶褐常服、青条、玉色袈裟。讲僧玉色常服、绿条、浅色袈裟。教僧皂色常服,黑条、浅红袈裟。僧官皆如之,惟僧录司官袈裟,缘纹及环皆饰以金。"[②]到了近代,僧服用色的约束没那么严格了,尽量遵循文化传统是共识。

蓬溪宝梵寺明代壁画的佛、罗汉、小沙弥等的服饰极具典型性。

首先,蓬溪宝梵寺明代壁画中的佛、祖师、罗汉皆穿着袈裟,以沥粉贴金的方法让装饰絮然庄严。药师佛(图2-16)、达摩以及迦罗迦跋厘惰奢等罗汉的袈裟为红色缦衣,弥勒佛的缦衣袈裟为绿色(图2-17),苏频陀罗汉着皂色缦衣(图2-18)。迦诺迦伐蹉、伐那婆斯(图2-19)、半托迦等罗汉着田相袈裟,不脱《礼部志稿》的规范。

---

① 佛教认为青、黄、赤、白、黑五色是正色。"不正色、坏色"通常指以下三种:铜青色,类似于青褐色;泥色,又称皂色、苍褐色;木兰色,印度人称为乾陀色,指赤黑色,赤多黑少,后也有人称喇嘛红。

② 转引自悟义:《禅者的秘密:禅茶》,文汇出版社,2013年,第86页。

图2-16　宝梵寺壁画药师佛的袈裟　　　　图2-17　宝梵寺壁画弥勒佛的袈裟

图2-18　蓬溪宝梵寺壁画《嘉赏白象》中苏频陀罗汉及其身边　图2-19　宝梵寺壁画中伐那婆斯罗
　　　　的小和尚的僧衣　　　　　　　　　　　　　　　　　　汉着田相袈裟

　　其次,在罗汉的描绘中,对其袈裟下的僧服多有着笔。如蓬溪宝梵寺壁画《嘉赏白象》中苏频陀罗汉,身披皂色缦衣,内服绿色交右衽广袖长衫。

　　再次,在罗汉旁边的陪侍小和尚的描绘中,可以看见和尚外服长衫,内服白色短褂的样子。在平武报恩寺万佛阁二层南侧东铺壁画中和尚的装束,也十分典型,因为人物造像更完整,提供的信息也更多、更明确。(图2-20)

图2-20　平武报恩寺万佛阁二层南侧东铺壁画中和尚的装束

　　总之,从四川明代佛寺壁画中,我们可以看见工匠对佛、罗汉、僧人服饰的倾力描绘,属于现实主义表现一路,直面生活情趣与本真。南朝梁僧祐《弘明集》说,沙门披袈裟着僧服的意义不仅在于御寒,其更大的作用是防非止恶,静心除虑,也即护持戒体。[1]《释氏要览》卷上载,只要真心敬重袈裟,必可达到三乘果位,而且得不退转,产生慈悲之心,甚至得袈裟小块,会常得胜于人,或在困境中即可饥食之足。[2] 所以,僧装对僧人和世俗之人同样具有信仰的利益。画工在宝梵寺的精彩描绘,与其说是为了展现佛教的庄严,毋宁说他为自己种下了福田机运。

　　现在,藏传佛教和南传佛教还保持着原始释迦时代袈裟的形式,其他佛教文化圈中,僧人的袈裟服饰等不断融入各国民俗文化背景之中,形成了各具特色的佛教文化观感,如中国的袈裟在传入资源相对匮乏的韩国和日本时,韩国袈裟调短了尺寸,日本袈裟则只用一条布带挂在肩膀上。可见,僧装与其他文化一样,也是在不断适应环境中发生着与时俱进的世俗化变迁。

---

① 参见自理净法师:《佛教文化与佛教教育》,宗教文化出版社,2007年,第271页。
② 《大正藏》第54册,第269页。

## 第三节　甲胄生辉

　　甲,铠甲;胄,头盔。甲胄是冷兵器时代军力防护的重要发明,其包含着制作技术、工艺水平、设计美学等诸多文明要素。

　　从出土文物来看,我国商代有青铜胄分布在河南、山东、江西、山西等地,但"可能是当地方国统治者所使用的防护装具",[1]没有装备到一线战士身上。目前学术界认为,我国青铜时代的军队个人防护装具主要是髹漆皮甲胄。在春秋战国时代,齐国官修的《考工记·函人》专门记载了皮甲胄制作的方法、材料以及鉴别方式、设计美感等信息。如彼时制作甲胄的皮革主要有犀甲、兕(sì,上古瑞兽)甲、合甲,即雄犀牛皮、雌犀牛皮以及二者结合的混合皮。制作甲衣时要首先量度人的形体,再来裁制甲片,还有制革、锻革、髹漆、钻孔等工艺规范,来保证生产出来的甲胄致密坚牢。观察甲衣质量有几个要点:一、甲片上连缀的孔眼要小,是为坚固;二、甲片里面要刮得光,是为料好;三、甲衣的缝要对得直,是为做工好;四、甲衣装袋体积要小,展开要宽大,是设计好,有光耀;五、装身时甲片间不相互磨切,方便活动不伤身。

　　秦汉时期,铁质甲胄与铁制兵器齐头发展。秦国更是以官府垄断制造甲胄,而且统一组织,以大规模流水线的方式控制甲胄的形制、尺寸等,方便甲胄的组装编缀,以及修复时的兼容替换等。此时铠甲以保护胸背为主,后来才逐渐发展到保护下体、颈、胳膊、胫部等。

　　三国两晋南北朝时,甲胄形制发展,出现了筒袖铠、裲裆铠、明光铠等。

　　隋唐是甲胄发展的黄金时代,管理有序,材料丰富,形制基本定型。唐贞观六年(632),唐廷设立"甲署坊"专门领导和管理铠甲生产。《唐六典》记载有"唐十三铠":明光甲、光要甲、细鳞甲、山纹甲、乌锤甲、白布甲、皂绢甲、布背甲、步兵甲、皮甲、木甲、锁子甲、马甲。[2]想象一下,隋唐武士外着铠甲、颈围、披膊、臂鞲、吊腿,[3]威武神气!北魏至隋唐,天王像、镇墓武士俑所穿甲胄佩戴的肩饰、带饰,其造型一般为兽首或半兽身,如神兽、龙、猪等,是一种神化护法的象征,称为"兽首含臂",[4]是甲胄美学重点关注的对象之一。另外,这些武士俑、天王像身上的铠甲华丽而繁褥,有学者怀疑为绢甲类仪仗甲,此类仪仗甲是以图案华丽的绢帛、皮革或部分金属材料制成。

　　宋代甲胄,据《宋史·兵志》记载:"其工署则有南北作坊,有弓弩院,诸州皆有作院,

　　① 杨泓:《中国古代甲胄续论》,《故宫博物院院刊》2001年第6期,第11页。

　　② 参见(唐)李林甫等:《唐六典·卫尉宗正寺卷第十六》,陈仲夫点校,中华书局,1992年。

　　③ 吊腿,防护小腿的铠甲,或全金属制,或由铁片叠加用布包边而成。

　　④ 程雅娟:《神道化的隋唐重装武士服——日本轮王寺藏"太平乐"服饰文物溯源研究》,《装饰》2016年第6期,第113页。

皆役工徒而限其常课。南北作院岁造涂金脊铁甲等凡三万二千……戎具精致犀利，近代未有。"[1] 铁甲作、钉钗作、铁身作、错磨作、丁牟作等作坊，保证了宋代部队披甲率达到70%以上，在缺少战马的情况下，以步制骑。受到火器发展的挑战和影响，宋代甲胄发展处于承上启下的时段，有鱼鳞甲、裲裆甲、山字纹甲、长短齐头甲、连锁甲、金装甲、明光细网甲等。据《武经总要》载："其制有甲身，上缀披膊，下属吊腿，首则兜鍪顿项"，[2] 基本沿袭了唐、五代的形制。值得一提的是，宋代胄的装饰功能有所发展。如有胄两侧出现护耳上卷；有胄顶竖立火焰形缨饰，或出现簪饰；有胄前出现"S"形额花，或一堆贴的甬状饰，等等。当然铠甲武士也有不戴盔的，而是戴束发冠、平巾帻或裹巾等。

明代甲胄，在中国国家博物馆藏《平番得胜图卷》中有相关写实描绘，分为布面铁甲和罩甲。布面铁甲，表面为棉布或麻布，能很好吸收火器枪弹的动能；里层为编缀而成的铁甲片（出于轻便或成本考量也有不编缀甲片的），可以抵御冷兵器砍袭；甲的外面钉有甲钉。罩甲，分两种：一种甲片编缀，形如对襟短褂，有腿裙无披膊，多为将校所穿；一种纯布料，初为兵士所穿，后民间百姓纳入常服之一。明代边军兵士甲胄装饰简单，一般为"暗甲"，但可以穿靴（非边军一般着履）。"明甲"则为京师仪仗队、高级将领或少数尖刀部队所穿，虽衣甲鲜明，威武雄壮，但维护成本很高。[3]

四川明代佛寺壁画中天王、诸天或武士的铠甲描绘，既有写实的一面，也有瑰丽想象的发挥，还有粉本流传和约定俗成的程式化继承，蕴含着历史文明传播流布的密码，张扬着人们对孔武护佑的坚定信仰和歌赞。

## 一、蓬溪宝梵寺壁画四大天王的甲胄

在宝梵寺第3至第10铺壁画中，铠甲集中出现于二十四诸天主题中。其中，第3、4、9、10铺近角隅一侧四大天王的铠甲绘制的得异常精美，在全国同类壁画中属于上乘之作。

在宝梵寺大殿壁画中，西北绘北方多闻天，左手伸臂垂下，执矟拄地，右手屈肘擎佛塔；东北绘持金刚杵的东方持国天；东南绘南方增长天，持弓箭；西南绘持宝剑的西方广目天。他们皆为甲身、披膊、臂鞲、吊腿、战靴的形制，披膊有"兽首含臂"的装饰，造型华丽精致，结合了唐、五代、宋铠诸多亮点形制设计，有阳刚、孔武、劲健之美。（图2-21）

四大天王的甲衣主要为山纹甲。山纹甲属于扎甲，由三菱形甲片扎成，至少在唐代就引进流行了，是宋明时期常见的甲式。由于山纹甲做工精美，在中国古代壁画和塑像中，经常成为画工钟情表现的对象，是中国盔甲式样的典范，被日本人尊为"唐甲纹"，西人则赞叹其为"中国之星"。另外，少部分鱼鳞甲分布在天王的裆护部位，也极其精巧。

---

① （元）脱脱等：《宋史》卷一九七，第4909页。

② （宋）曾公亮：《武经总要》卷十三《器用》。转引自郑振铎编：《中国古代版画丛刊·武经总要前集（一）》，上海古籍出版社，1988年，第672页。

③ 叶帅：《从〈平番得胜图卷〉看明万历年间边军甲胄形制》，《大众考古》2019年第10期。

从造型组合上看，天王的身甲分胸、背两部分，在双肩用带联扣起来。前胸甲身又分左、右两片，乃山纹甲组成的圆护（此乃中唐遗制，应该是"明光铠"。在真实的铠甲上，这种圆护大多以铜铁制成且打磨光亮似明镜，阳光照耀下反光耀眼，故名"明光"）。天王的腰腹部位有大腰带扎束圆护和腰护。在胸部还束着一根甲绦，目的是让外形紧扎，同时分担着甲衣的重量。

四大天王初看大同小异，但其头饰各异，如北方多闻天戴毗卢帽冠，南方增长天戴凤翅兜鍪，西方广目天戴三花冠，体现出文化承继的信息。

我们来看看北方多闻天所戴的毗卢帽盔：正面看貌似莲花五瓣，瓣尖饰红缨如焰火；盔顶有球形装饰，顶尖亦有红缨焰火；盔沿一圈，为沥粉贴金的三朵花饰。

从造型来源上看，毗卢帽盔形制并非产自中国本土，而是错综复杂的南亚、中亚佛教文化交流的艺术样式。我们知道，佛教产生于南亚，有一部分逐渐北上经过中亚，通过新疆传入中原等地。中亚有印度、波斯、北亚游牧民族、我国中原文化以及随亚历山大东征而来的希腊文明的交融碰撞。据考察，一种萨珊波斯的带圆球的皇冠，后来转变成为中亚的一种头盔形式，其流传进我国，经过改造就成了毗卢帽式样。

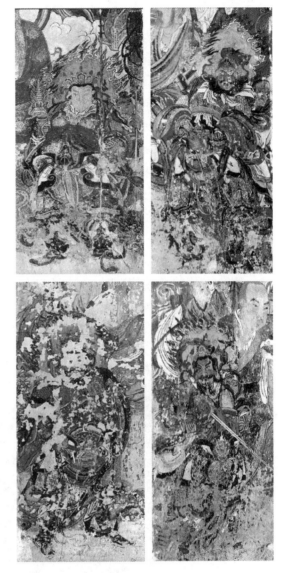

图 2-21　宝梵寺壁画中北方多闻天、南方增长天、东方持国天、西方广目天的甲胄

从信仰流传情况来看，毗沙门天王（即北方多闻天）信仰东传首先进入西域。据《大唐西域记》载，在中亚缚喝国（大夏国）的纳缚僧伽蓝有毗沙门天王像，用以纪念毗沙门天王在来伽蓝劫掠的突厥可汗的梦中以长戟贯彻其胸背，使之心痛而忏悔于众僧前，退兵但未返家即亡的故事。《大唐西域记》还载，于阗国老君主无后嗣，祈请于毗沙门天王，并从其额头剖出王子，使国祚延续。由此殊胜因缘，于阗国特别推崇毗沙门天王，其形象已经定型。据唐代宗时河东节度使都虞侯李筌撰《太白阴经》卷七《祭文、捷书、药方总序》载为"毗沙门神本西胡法佛，说四天王则北方天王也。于阗城有庙，身被金甲，右手持戟，左手擎塔，

祇从群神殊形异状,胡人事之"。①后来,传说毗沙门天王助于阗国解吐蕃之围,"国家知其神",立庙祭祀,进而影响到了唐朝的边军。毗沙门天王在唐朝被全国规模的崇信,与开元时期不空持咒行法,请毗沙门天王第二子独健率天兵天将解吐蕃围大唐安西军队有关。

毗沙门天王的形象从西域传入中原,据《宋高僧传·慧云传》载:"又开元十四年,玄宗东封②回,敕车政道往于阗国摹写天王样,就寺壁画焉。"③而这种取样传播的方式能最大限度保留图式的基本文化信息和特点。

从甲胄造型样式来看,随着毗沙门天王信仰在我国传播,产生了两种典型样式:于阗样式和敦煌新式样。据龚剑《从敦煌毗沙门天王看唐、吐蕃甲胄》一文总结,于阗样式在新疆丹丹乌里克遗址、敦煌莫高窟都有表现。以敦煌莫高窟154窟为例,其特点为:头戴三叶宝冠(笔者注:毗卢帽冠),身甲在胸口开襟,自两肩环绕至胸口的"X"形璎珞,连接圆形护甲(笔者注:左、右胸和腹部计三块),着甲裙,腰挂长剑和短弯刀,右手持戟,左手擎宝塔。④(图2-22)

敦煌新式样,在晚唐、五代的毗沙门天王画像或造像中,铠甲形式与中原样式融合。如在法国国家博物馆藏五代毗沙门天王像绢画中[馆藏编号:pelliot chinois 4518(27)],胸甲与背甲用肩带连接。值得注意的是,三叶冠、持物等文化信息依然保留。(图2-23)

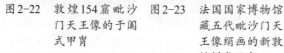

图2-22 敦煌154窟毗沙门天王像的于阗式甲胄　图2-23 法国国家博物馆藏五代毗沙门天王像绢画的新敦煌样式甲胄

① 谢志宁、陈爽译注:《白话太白阴经》,气象出版社,1992年,第240页。
② 即封东岳。
③ (宋)赞宁:《宋高僧传》卷二十六,《大正藏》第50册,第875页。
④ 龚剑:《从敦煌毗沙门天王看唐、吐蕃甲胄》,《收藏投资导刊》2019年第7期。

在四川唐、五代、宋石窟中，毗沙门天王单独被供奉造像
龛比较多，保存比较好。如石笋山毗沙门天王造像，有4米高，
是敦煌新样式的铠甲类型。戴如毡帽一般有三个翻边的天王
冠，其实就是三叶冠，其造型是雕刻施工和方便保存考量的结
果，与绘画有一定差别。

　　而大足北山5龛毗沙门天王造像，是按照于阗样式造像
的典范，与敦煌154窟毗沙门天王像粉本类同，只是铠甲采用
山纹甲，头上天王冠也是方方整整的感觉，实际也是三叶冠。
（图2-24）

　　目前，笔者没有找到毗沙门天王头冠从三叶转变成五叶
的过渡造像形态，推测是佛教不断世俗化，画工所表现的不过
是对毗卢冠的写实性观察结果罢了。

　　我们再看看南方增长天王穿戴的凤翅盔：盔形华丽，额
前有"S"形额花上翘，两耳侧有九对凤羽张扬，盔顶有红缨翻
飞，盔脊有兽俯卧，顿项卷曲，抹额素雅。《元史·舆服志》有
"……天武官二人，执金钺，金凤翅兜牟，金锁甲，青勒甲绦，金
环，绣汗胯，金束带"[1]的记载，明初仍旧设置天武将军，穿戴也

图2-24　大足北山毗沙门
天王乃于阗样式
造像

大体相同。除了天武将军，明代还有少数将领和担负仪卫任务的锦衣卫御前大汉将军有
机会戴上凤翅盔。在北京明十三陵神路上所立"武士"，其头盔也是凤翅盔形制。这些说
明，在明代凤翅盔的政治文化象征意味非常浓厚。宝梵寺壁画的工匠将此盔赋予南方增
长天王，寄托了增长善根、护持佛法的美好意愿。

图2-25　明代法海寺壁画韦陀头戴凤翅盔

　　在同时代北京法海寺壁画中，韦
陀所戴凤翅盔与宝梵寺壁画中南方增
长天王所戴的非常相似（注：宝梵寺壁
画中韦陀也戴凤翅盔，造型艺术亦属
上乘）。（图2-25）上述壁画中的凤翅盔
都凸显着明代的特色：一、结构明确，
由缨枪、盔顶、盔体、抹额、顿项五部分
构成；二、较之宋代，明军的凤翅盔护
颊较浅，形状更为圆润，盔体多只装饰
抹额。所以，艺术来源于生活的说法
又一次在这里得到鉴证。

　　"凤翅盔"之名称见载于《明会
典》。追溯凤翅盔的源头，一种说法认

---

① （元）脱脱等：《元史》卷七十九，第1982页。

为跟北方多闻天戴的毗卢帽冠一样，或源自印度，或与中亚有关联。更确切地说，是萨珊波斯国王的翼冠通过毗沙门天王所戴饰双翼之宝冠的中介，传入中国的。一种说法认为，凤翅盔的雏形在我国最早出现在南北朝时期，随头盔顿项的造型变化而产生，并在唐代定型。唐代武官着礼服时所戴鹖冠，已在两侧的包叶上绘鸟翼。[1]唐与五代时期，将折返顿项盔与朱雀盔相融合，[2]就产生了凤翅盔。不管这种源流说法是否准确，明代凤翅盔是中国汉式盔型最后的存在是不争的事实。到了清代，凤翅盔就被满清盔甲设计所取代，从军队序列中消失了。[3]

宝梵寺壁画西方广目天所戴头饰为束发冠。明刘若愚《酌中志·内臣佩服纪略》载："束发冠，其制如戏子所戴者，用金累丝造，上嵌睛绿珠石……下加额子一件，亦如戏子所戴，左右插长雉羽焉。凡遇出外游幸，先帝圣驾尚此冠。"[4]这个描述提到束发冠与额子的搭配，似乎更加有风采。宝梵寺西方广目天所戴束发冠装饰比日常生活中的繁复，发箍用三朵花装饰，正面花朵上面装饰化佛。

宝梵寺壁画东方持国天因斑驳脱落，其头部所戴之物无法识别，仅留下一种冠饰的特征。

宝梵寺壁画四大天王的头饰和铠甲是武将配饰的小资料库，这些细节来源于生活和历史，体现着工匠的匠心，具有极其珍贵的文物保护价值和艺术价值。

## 二、蓬溪慧严寺壁画四大天王、密迹金刚、韦驮天的甲胄

相较于宝梵寺壁画中四大天王华丽的铠甲，张扬而不食人间烟火的气质，蓬溪慧严寺壁画中的四大天王乃至于密迹金刚、韦陀，就俨然民间一个个普通的士兵或低阶的将校，为我们揭示了明代甲胄的另外一种存在样态，或许更具有现实性。

蓬溪慧严寺的四大天王除西方广目天王毁损外，其余三天王皆完好，以笔墨兼工带写方式绘制，笔法粗犷流畅，造型大同小异，主要以动态、持物、色彩和局部小细节对尊像进行区分，符合《封神演义》佳梦关魔家四将"风调雨顺"的角色设定。（图2-26）

四天王头上扎发髻，戴束发冠。

他们上半身没穿铠甲，而是内里穿一件特殊的圆领胡袖内衣，该衣物在下摆处有玄机：身前摆齐腰；身后摆类似燕尾服，从两侧腰际开始向后逐渐加长摆裾，最长处与小腿肚齐。整个内衣下摆宽大而起褶，风吹动时动感十足。

在内衣外面，四人天王皆穿半臂齐腰罩衣，衣袖宽度可容纳两个胳膊，在胸口处用长布条将左右衣片打结缚扣，长布条下垂至膝，风动势动。

四天王下身着裤，穿长筒乌皮战靴。大腿部覆盖裙甲，有鱼鳞甲、山纹甲两种。甲片外沿装饰如意云头纹，其外再接流苏装饰。

① 保利艺术博物馆编著：《保利藏金续：保利艺术博物馆精品选》，岭南美术出版社，2001年，第225页。
② 指文烽火工作室：《中国古代实战兵器图鉴》，吉林文史出版社，2018年，第262页。
③ 指文烽火工作室：《中国古代实战兵器图鉴》，中国长安出版社，2015年，第232页。
④ （明）刘若愚：《酌中志》卷十九，第168页。

图 2-26　慧严寺壁画北方多闻天、南方增长天、东方持国天的甲胄

　　总体看来，蓬溪慧严寺壁画四大天王的戎装为布面罩甲和铠甲的结合。罩甲严格来说不算盔甲，只是外套，明代以降，民间男女都流行穿着罩甲。

　　蓬溪慧严寺壁画中密迹金刚和韦驮天的铠甲皆为鱼鳞纹，装束形制大同小异。他们都戴头盔，韦驮天戴凤翅盔，密迹金刚已毁不辨。上身铠甲内的服装跟四大天王内衣相似，但密迹金刚、韦驮天的内衣身前下摆没有齐腰，而是呈三角形下垂至小腿部，垫护在三角形的护裆铠甲——裈甲——下面。上身铠甲延续隋唐铠甲形制，没有臂韝。值得一提的是，铠甲装束的搭配很讲究，如韦陀的铠甲以红底白线作如意云头纹装饰，搭配有类似纹样和色彩的吊腿和战靴，能给人带来清爽明快的感受。（图 2-27）

图 2-27　慧严寺密迹金刚、韦驮天的甲胄

蓬溪慧严寺壁画四大天王、密迹金刚、韦驮天的铠甲装束,让我们看到了明军边军士兵和将校的日常状态,也看到了在佛教世俗化进程中,民间画工将自己的见闻和期许融入画面的努力。画面初看很粗糙,但细品反而很有意味。

### 三、平武报恩寺万佛阁二层四大天王的甲胄

看了蓬溪慧严寺壁画中的韦陀和密迹金刚,再来看平武报恩寺壁画的四大天王,你会惊异地发现,除了前者风格属于民间粗犷一路,后者风格属于宫廷严谨一路,二者所表现的甲胄实质是一种样式,说明这种甲胄的粉本是有一定现实依据的。(图2-28)

图2-28　平武报恩寺北方多闻天王、东方持国天王、南方增长天王、西方广目天王的甲胄

凤翅盔的表现很清晰,由红缨、盔顶、盔体、抹额、顿项、凤翅、"S"形额花七部分构成,由于四大天王头部转向不同,让我们能立体把握凤翅盔的结构。

与蓬溪慧严寺壁画中韦陀的装束不同,平武报恩寺壁画四大天王在甲衣外穿着一件广袖布面绣衫,英武中透着几分儒雅。绣衫遮住了肩吞,但绣衫的胳膊处镂空,可见掩膊。绣衫的宽大袖口在臂韝略后处。

上半身甲衣延续隋唐形制,领部围项帕,身甲由前襟开合,胸部系有束甲袢。胸甲缀两护心镜造型,此部位束扎勒甲绦。腹甲两块,用革带束扣在一起。腹吞较小,上压皮带,另系丝带捆束捍腰。

裈甲为鱼鳞甲,倒三角形,垂吊至小腿部。下穿吊腿,脚蹬拖泥遴。裙甲、身甲多为札甲。札甲在我国兵器史上是个重要的符号,是甲胄最为普遍的样式,实战的军队多披挂札甲。札甲主要有两种编排方式:一、叠片压片方式,即左(右)片叠右(左)片或上片压下片;二、在布或皮革的衬里上将甲片对齐排列,缝合固定到内衬上。(图2-29)平武报恩寺壁画四大天王的札甲看起来更像是第二种编排方式。

平武报恩寺壁画中武将类尊像所穿甲胄制式都很统一,如散脂大将、韦驮等的甲胄与

图2-29　《出警入跸图》局部,锦衣卫大汉将军身穿锁子甲、山纹甲和札甲

四大天王的大同小异,此不赘述。总之,平武报恩寺壁画中的甲胄结构完整,甲式清晰,是相关研究的重要图像资料。

## 四、新津观音寺四大天王与韦陀的甲胄

新津观音寺的壁画有宫廷画家的背景,画风浪漫,注重装饰感,但是有关甲胄的图像风化损毁较大,对研究造成了一定困难。

新津观音寺壁画中四大天王图像目前较清晰的有北方多闻天王和西方广目天王。从残迹看,东方持国天王与北方多闻天,南方增长天王与西方广目天的部分甲胄痕迹相类。

就头饰而言,新津观音寺壁画四大王与逢溪宝梵寺四天土壁画的理念相似,即北方多闻天王戴三叶冠,南方增长天王戴盔,余下二天王戴束发冠,但宝梵寺壁画的技巧和图像内蕴则更胜一筹。

就铠甲种类而言,新津观音寺壁画中胸甲成为整块,在两肩用皮带搭襻与背甲扣联,似乎是"两裆铠"形制。铠甲一般为山纹甲,用皮带吊挂在身上,然后用带革固定。新津观音寺壁画在铠甲的捆扎饰物,如捍腰、甲绦等着力渲染,并引入繁复的璎珞进行"X"形连接,从而在造型特点上独树一帜。(图2-30)

新津观音寺壁画北方多闻天王的裈甲部分与元代山西永乐宫壁画白虎星君的裈甲非常相似,在身前形成几与身体等宽的盾形防护,其长度至膝盖往上一点,垂下的丝绦呈倒三角形至脚踝处。(图2-31)从图像上看,北方多闻天王和东方持国天王在腹吞部分用丝绦覆裹,显得文气十足。

新津观音寺西方广目天王、南方增长天王的铠甲与宋代锁子甲形制相类。相较于北方多闻天王的铠甲形制,他们的裈甲跟裙甲分离,裈甲护住裆部,裙甲盖住大腿至膝

图2-30　新津观音寺壁画北方多　图2-31　山西永乐宫壁画白虎星君的铠甲
　　　　闻天王的甲胄

图2-32　新津观音寺西方广目天王的甲胄

盖。(图2-32)

　　一般认为锁子甲应该是铁丝或铁环套扣缀合而成的样子,有点像方便面。(图2-33)锁子甲从西域传入中国时应该是这个样子。三国时期曹植的《先帝赐臣铠表》称其为"环锁铠",目前是最早的记录文献。其实,山纹甲也是锁子甲的一种,新津观音寺壁画中西方广目天王所披挂的就是山文锁子甲。该类甲胄大概出现于隋唐时期,曾列入唐代军队13种主要甲制之一。山文甲的锁子呈汉字"山"形(一说"人"字形),三个角都有个扣结,扣与扣通过"错札法"相衔扣,甲片与甲片就互相枝杈咬错而成锁子甲(也可直接编缀在衬上)。据说如果甲片制造精巧划一的话,扣结的全甲甚至不需要一个甲钉和一缕丝线。宋明时期山纹甲是常见的甲式。明代中后期,军队大量装备锁子甲和棉甲。

　　新津观音寺壁画中韦陀穿着一身精美的甲胄。其头戴凤翅盔,盔顶红缨,凤翅九羽,额花前伸,顿项缀鱼鳞甲,结绳结于下巴将兜鍪固定在头部。上身甲衣与上述西方广目天王的甲衣类似,胸甲成一块,在肩部用皮带扣挂背甲。下身甲衣与平武报恩寺壁画四天王的甲衣类似,主要特征是鱼鳞甲的裈甲呈倒三角形垂挂在身前。腹吞、肩吞、臂鞲、吊腿威武雄壮,捍腰、革带、璎珞披挂华丽。韦陀在甲胄外套穿绣衫,广袖风动,神采飞扬。(图2-34)

图2-33 宋代黄金锁子甲示意图　　图2-34 新津观音寺韦陀的甲胄

　　四川明代佛寺壁画中对铠甲的描绘,发扬了沥粉贴金技法的长处,让满壁光耀灿烂,展现出一种至大阳刚的孔武之美。一般认为壁画中铠甲造型似乎无关紧要,但深入研究下去,我们却发现蓬溪宝梵寺壁画中身着明光铠的四大天王,其头冠却关联着佛教在于阗、敦煌的流传脉络;蓬溪慧严寺的韦陀、密迹金刚,穿着与平武报恩寺四大天王一样的铠甲,前者是民间画工绘制,后者受制于宫廷画工,但二者在粉本上找到了文化交流的通道;新津观音寺壁画也受制于宫廷画工,其甲胄样式丰富,展现了明代甲胄对唐宋明光铠、锁子甲的承继,在粉本上与山西永乐宫元代甲胄有样式上的关联……所以可以说,四川明代佛寺壁画中的铠甲是一种历史文化的纽带,在微观处记载着中华文明的成长、交流与创造的轨迹。

# 第四节　台座庄严

　　佛像庄严不可缺少的附属品有台座、光背、持物、天盖(堂内的天棚上吊着的罩伞)

等。其中,佛、菩萨、诸天等的坐床、坐骑或坐物等造像台座,在四川明代佛寺壁画中是极富特色的艺术存在,既有现实生活的连带,历史文化价值充盈,也有艺术想象的创造,不断启发着后世的设计与开拓。

## 一、莲花座与须弥座

参照莲花形象打造的台座称为莲花座,[①] 又称莲座、华座、莲台,一般为如来、菩萨、明王造像的配饰。据唐代法藏《华严经探玄记》卷三载:"如世莲华,在泥不污,譬法界真如,在世不为世法所污。"[②] 故莲花是佛教教义的显化。另,《本草纲目》载:"夫莲生卑污,而洁白自若……又复生芽,以续生生之脉。"[③] 所以,莲花在佛教和世俗中因为圣洁与轮回的意涵找到了共同信仰点,被无上地崇拜。

莲花座基本形制形成于印度的贵霜王朝和笈多王朝,分莲茎莲座和无莲茎莲座两大类别。莲茎莲座有一茎一尊形,一茎多尊形(如龙门石窟奉先寺卢舍那大佛头光上部就有同茎莲花座小龛);无莲茎莲座则分为仰莲座、俯莲座和仰俯混合莲座三种。[④]

常见的古典莲花座一般由三部分构成。最上部是由莲肉、莲瓣组成的莲花部,犹如一朵向上开放的莲花,主尊高坐其上。中部为"座身部",由上、下敷茄子(敷茄子表示莲花与带颈的根部),花盘(即象征浮在水面上平开的花瓣,受花)组成,犹如一个托起莲花的花盘。下部为"座基部",一般为三层,也有二层、一层的,形状有八角、六角、四角、圆等,由上框座、下框座和反花组成。反花为莲瓣,称为覆莲。反花表示包在外侧的花瓣盛开翘起的状态。反花下的台是框座,可以看成是表示莲花生长的泥沼的水面。(图2-35)

须弥座,也称佛台、金刚座,与印度宗教神话传说中的"须弥山"有关。须弥山为"一

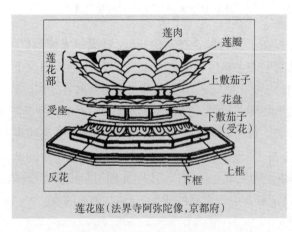

图2-35 莲花座示意图(法界寺阿弥陀像,京都府)

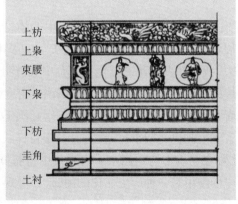

图2-36 须弥座台基(仿姚承祖《营造法源》)

---

① [日]井上光贞:《纵观日本文化:史迹·文物·货币·佛庙·古建筑》,孙凯译,哈尔滨工业大学出版社,2003年,第332页。

② 《大正藏》第35册,第163页。

③ 转引自王烨主编:《植物知识百科》,云南大学出版社,2011年,第62页。

④ 华文图景收藏项目组编:《佛像收藏实用解析》,中国轻工业出版社,2010年,第60页。

小世界之中心"，其基底为四方形，周遭为须弥海所环绕，高为八万由旬，深入水面下八万由旬，周围有三十二万由旬，三界依之层层建立，帝释天居其顶，四天王居其半腹，人类居住的南瞻部洲等四大洲在其基底四围九山八海的碱海中。所以，须弥山象征着"妙高"神圣无比的世界。相传，释迦牟尼佛成道前于菩提树下曾说"我不成正觉，誓不起此座"，可见须弥座的崇高和尊贵（图2-36）。

须弥座是仿照须弥山制的台座，有点像两个相对而连接的沙漏，具体而言，即上下出涩，中为束腰。这种固定形式，从北魏经唐宋直到明清，历经千年之久而没有太多的变化，变化主要集中在束腰的造型上。《营造法式》中记载有宋代砖砌须弥座形制：

> 垒砌须弥坐之制：共高一十三砖，以二砖相并，以此为率。自下一层与地平，上施单混肚砖一层。次上牙脚砖一层（比混肚砖下龈收入一寸）。次上罨牙砖一层（比牙脚出三分）。次上合莲砖一层（比罨牙砖收入一寸五分）。次上束腰砖一层（比合莲下龈收入一寸）。次上仰莲砖一层（比束腰出七分）。次上壶门柱子砖三层（柱子比仰莲收入一寸五分，壶门比柱自收入五分）。次上罨涩砖一层（比柱子出五分）。次上方涩平砖两层（比罨涩出五分），如高下不同，约此率随宜加减之。（如殿阶作须弥座砌垒者，其出入并依角石柱制度，或约此法加减）。[1]

可以帮助我们认识须弥座。（图2-37）

明清以来的须弥座形制比宋式简化了许多，通常见到从下到上依次是：土衬、圭角、下枋、下枭、束腰、上枭、上枋。下枋与上枋可做成双层，以增加须弥座高度和美感。必要时，土衬也可做成双层（其中有一层土衬全部露明）。若果须弥座坐落在砌体之上，土衬石可免除。[2]

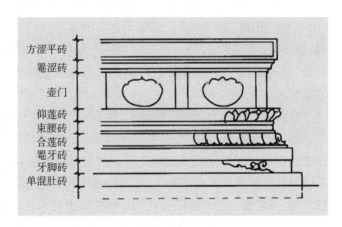

方涩平砖
罨涩砖
壶门
仰莲砖
束腰砖
合莲砖
罨牙砖
牙脚砖
单混肚砖

图2-37　《营造法式》中的砖砌须弥座

在四川明代佛寺壁画中，主尊的台座给人留下了深刻的印象，主要类型有三种：独立须弥座；莲花座和须弥座的组合；须弥座与其他构件组合。

**（一）独立须弥座**

资中甘露寺壁画中十二圆觉菩萨的法座为四边形须弥座，造型独特，是《营造法式》和《营造算例》中宋、清式须弥座规制之间的过渡或旁支的实例，大体属于"将柱子壶门

图2-38 资中甘露寺威德自在菩萨的金刚座

与束腰放作同等大小者"。但甘露寺壁画中的须弥座将合莲砖的位置下调，铺砖顺序从上到下是：方涩平砖一层、仰莲砖（替代罨涩位置）、壶门柱子砖、束腰砖、下枋（比壶门柱子砖略窄）、合莲砖（替代罨牙位置）、牙角砖、单混肚砖，与河北正定隆兴寺佛香阁宋代观音铜像下须弥座相似（其方涩平砖二层）。（图2-38）

资中甘露寺壁画十二圆觉菩萨结跏趺坐，其身下的长方形垫毯垂在须弥座前，非常醒目。须弥座上除了装饰有几何纹样、花卉纹样等，在其方涩平砖左右两端还特别饰有"卍"（如普觉菩萨座）"无"（如贤善首菩萨座）"出"（如威德自在菩萨座）等符号纹饰。"卍"是两个"Z"右旋，汉语念"wàn"，义为"吉祥万德之所集"。右旋是基于佛教以右为正道，旋回乃示佛力无边、无限、无尽、无休地利益十方无量众生。至于"无""出"字纹，刘宁等在《资中甘露寺十二圆觉菩萨须弥座造型探究》一文中，解释"无"为"南无"，代表了佛教所宣扬的功德无量、慈悲众生等含义；解释"出"，一利用两"山"重叠为暗喻须弥山的崇高，一为"出世"的象征。[①]这些解释有点牵强，如所谓"无"字纹，乃上为"工"字，下为"⌐ ⌐"的图案，所以直接跟"无"画等号是不行的，何况古代"无"为繁体。所以到底这些纹样的来历和含义是什么，尚需要深入探究才清楚。

在资中甘露寺十二圆觉壁画中，还有一处独特的设计，就是每尊菩萨身前均立一托花之六边小须弥座，这在同类壁画中极其罕见。如果说菩萨所坐四方形须弥座具阳刚之气，那这六边形小须弥座就具阴柔之美。其束腰进深较大，显得腰身婀娜。通常须弥座底部是以单混肚砖或牙脚砖作基础，显得稳重实在，但甘露寺壁画中小须弥座靠六个三角足支撑，显轻灵俊逸。普觉菩萨身前的小须弥座上有芍药，威德自在菩萨身前的小须弥座上有牡丹，贤善首菩萨和弥勒菩萨身前的小须弥座上有荷花……它们造型饱满，花瓣上纹理用线清晰细腻，巧夺天工、栩栩如生。

**（二）莲花座和须弥座组合的佛座**

在传统绘画中，莲花座（上）跟须弥座（下）组合的台座形制非常多见。

在四川明代佛寺壁画中，此类台座造型最简洁的要算剑阁觉苑寺壁画"202神僧应供"中的释迦牟尼台座。释迦牟尼身穿红色袈裟趺坐于蓝莲花之上。（图2-39）蓝莲花分两层莲瓣，每瓣莲花用蓝色做底，白色勾边。蓝莲花下为须弥座，其造型与六朝时期至隋代的须弥座流行样式相类，如云冈石窟第6窟佛母塔洞后室南壁文殊问病雕像旁的五层

① 刘宁、廖丰丰：《资中甘露寺十二圆觉菩萨须弥座造型探究》，《美术大观》2020年第1期，第116—117页。

佛塔下的浅浮雕须弥座,断面轮廓简单,装饰素淡,上枋饰团花纹,下枋饰圈纹,中间束腰。(图2-40)

图2-39　剑阁觉苑寺壁画"202神僧应供"中的释迦牟尼台座　　图2-40　云冈石窟第6窟佛母塔洞后室南壁文殊问病雕像旁的五层佛塔下的浅浮雕须弥座

　　而广汉龙居寺十二圆觉壁画和宝梵寺药师佛壁画中的须弥座属于装饰华丽一类,要说区别,前者装饰风格属于婉约一系,后者则归为阳刚一路吧。

　　在广汉龙居寺十二圆觉壁画中,菩萨们端坐在下面为六边形须弥座(金刚座),上面为莲花座的复合式佛座上。这种佛座在明代水陆画中经常出现。

　　在雕塑形制上,莲花座一般分为对称莲华雕纹平座(即台座的底和面皆平台,在两平面之间雕刻莲花)、对称莲花圆雕底座(即台座的上面为圆雕莲花)和不对称的莲花座(即在圆形底座上面架一个单层的莲花座的样式)。广汉龙居寺壁画中绘制的莲花座属于对称莲花圆雕底座类,菩萨端坐在莲花之中,显得灵动活泼。莲花瓣采用复瓣和多瓣的单元形构成,如清净慧菩萨、威德自在菩萨、金刚藏菩萨的莲花座的单元花瓣为两片叠加的复瓣式,而圆觉菩萨的莲花座单元花瓣为四片叠加的多瓣式。莲花在佛教中是圣花,佛以莲花喻妙法,各种净土均称莲华藏世界,莲花座就是佛、菩萨的常座。佛经中常提到的莲花有:红莲——钵头摩华,青莲——优钵罗华,黄莲(也有说红白二色)——拘勿头华,白莲——芬陀利华,还有一种青莲叫泥卢钵罗华。在广汉龙居寺十二圆觉壁画中,我们可以看见清净慧菩萨的青色莲花座(图2-41),普觉菩萨的白色莲花座……民间画工用象征的手法,为我们展示出诸菩萨的高洁、清净和庄严,让人观想而进入其微妙香洁的神圣法门。

图2-41 广汉龙居寺清净慧菩萨的莲花金刚座

图2-42 宝梵寺药师佛金刚坐

广汉龙居寺十二圆觉壁画中的须弥座，由上枋、上枭（饰仰莲纹）、束腰、下枭（饰覆莲纹）、下枋、角圭等传统构建组成，整体为六面台座。与宋《营造法式》卷十五所载须弥座条相比，它将仰莲砖提到柱子壶门上侧，并在其与柱子壶门之间加饰一束腰砖，自下而上形成了罨牙砖、合莲砖、束腰砖、壶门柱子、罨涩砖、仰莲砖、方涩平砖，显得清秀挺拔，大体与正定开元寺大殿须弥座形制相似，[①] 只是龙居寺壁画中的须弥座变体更丰富，与明代成化年间精致典雅的审美风尚相呼应，让我们惊叹于画工深厚的装饰素养和创造力。

宝梵寺壁画药师佛的佛座上层莲花座与广汉龙居寺壁画，以及新繁龙藏寺大殿横壁中铺华严世界二十四诸天壁画相类，为对称莲花圆雕底座，白莲花，单元花瓣为两片叠加的复瓣式。（图2-42）下层须弥座整体为六面台座，大体源于姚承祖《营造法源》中须弥座的模式，由上枋、上枭（饰仰莲纹）、束腰、下枭（饰覆莲纹）、下枋、角圭等传统构建组成。上枋正面装饰以方形贴金为主，由中间长方形（绿底，中间嵌套小长方形，图案不清）和两边正方形（红底，饰白色莲瓣）组成。下枋装饰形式与上枋呼应，但图案不同。如下枋正面中间长方形装饰"正""王"相间的字纹。其两边的正方形则装饰变体"卍"纹。这种用字纹装饰的方式与资中甘露寺十二圆觉壁画的独立须弥座装饰方式相类，其文化根源值得深入探讨。下枋的侧面被分割成两个方形，一个装饰方形图画（内容不详），一个装饰如意莲瓣透叠纹样。束腰装饰壶门柱子，但壶门内部装饰不清。

**（三）须弥座与其他构件组合的佛座**

这种佛座以新津观音寺十二圆觉壁画的佛座为代表，宝梵寺壁画中也有部分。如新津观音寺壁画贤善首菩萨的佛座，其下方为四面须弥座，由上枋、上枭（饰仰莲纹）、束腰（饰壶门柱子）、下枭

---

① 参见梁思成:《中国建筑艺术图集·上集》,百花文艺出版社,1999年,第11、28页。

（饰覆莲纹）、下枋、角圭等传统构建组成，画工精致，端严大器。其上方为精工美作的三围板（更华丽的或称三屏风式），装饰山水画或云气纹。（图2-43）

追溯须弥座与其他构件组合的佛座的造像来源，应该是被王世襄先生称为"最理想卧具"的"罗汉床"。罗汉床关联着两个古老中国重要的传统。一个是隋唐以前的古人因家具制式低矮，故多席地而坐（跪），后来虽然随着家具变高而演变为垂足坐，但盘腿打坐的习惯在民间一直延续着。人们在罗汉床上的坐姿就兼顾打坐或垂足，与重视修行的文人生活理念极度契合，所以在很多古画中都能见到文人坐在罗汉床上的场景。另一个传统是待人接物的等级观。因为席地而坐的风俗导致古代中国人的生活中心与睡卧之地紧密相关，故而历史上形成了一个延续到民国初年才逐渐淡化的习俗，那就是待客的最高级别是在床上或炕上，历史名画《韩熙载夜宴图》就记录了相关场景。所以，罗汉床的主要功能

图2-43 新津观音寺贤善首菩萨的金刚座

从普通坐卧更倾向于待客，当然，这也关乎主人的社会地位和面子排场。总之，这两个习俗的糅合，体现在明代佛寺壁画上，就是菩萨座的庄严与神圣。

就形式而言，新津观音寺十二圆觉壁画中的佛座可以从中国美术史的图像资料中看到一些发展轨迹。在法国吉美国立亚洲艺术博物馆中收藏着一张原本保存在敦煌莫高窟藏经洞的纸质彩绘《维摩诘经变/Vimalakirti》（编号：MA6277），创作年代约9世纪（中唐）。图中维摩诘所坐床，下部为箱体，床上后部为三面屏风（围子），床顶上有帏幔装饰的方形华盖，华盖前端由床前角两根立柱支撑，后端由屏风支撑。（图2-44）

箱体式罗汉床自隋唐延续至宋代，结合了束腰、托泥等形制，越发精美。再后来，有了三围子，造型工艺更复杂，成了明代罗汉床的雏形。在现藏于日本圣福寺的宋代绢画《维摩天女像》中，维摩诘所坐罗汉床没有三围子，乍看之下非常类似须弥座。（图2-45）

明代罗汉床于前人的基础上，在左右及后面装上围栏。围子的做法，一种是三块整板，正中一块稍高，素板或浮雕装饰，另一种是用短材攒接出花纹装饰而形成围子。

总体看来，新津观音寺壁画中的佛座应该更多继承了唐宋罗汉床的造型，因为明代罗汉床下部设计逐渐走了简约路线，以前的箱体变成了四条腿足（有束腰罗汉床多为马蹄式，无束腰罗汉床则为直腿式）。它们采用罗汉床与须弥座相结合的造型，既有佛教文化

图 2-44　编号 MA6277，名称维摩诘经　图 2-45　现藏于日本圣福寺的宋代绢画《维
　　　　变（Vimalakirti），年代约9世　　　　　　摩天女像》
　　　　纪（中唐），尺寸70×33.8 cm,
　　　　材质彩色纸本，原始保存地敦
　　　　煌莫高窟藏经洞，现存地法国
　　　　吉美国立亚洲艺术博物馆

的华丽庄严，也有世俗文化的熏染。值得一提的是，新津观音寺壁画中的佛座造型厚重，
这与清代罗汉床用材厚重、装饰华丽的风格如出一辙，显然，工匠们穿越了时空，提前将后
世的模样涂绘在了墙壁上。

## 二、其他台座

随着佛教传入我国并广为流传，在民间工匠和高僧大德的共同参与下，台座种类、形
式被打造得极为多样化。除了常见的莲花座、须弥座外，还有磐石座、云座、毡氍座、礼盘
座、瑟瑟座、荷叶座、洲滨座、床座、典录座、鸟兽座，①等等。（图 2-46）不同的佛、菩萨配置
不同的台座，表达不同的寓意和象征。

───────────────
① 广西对外文化传播中心编，林京海等编著：《石语墨影——广西古代石刻选萃》，广西科学技术出版社，2014年，
第250页。

左起须弥座、磐石座（岩座）、瑟瑟座

左起荷叶座、礼盘座、曲录座（选自「图说日本文化史大系」）

图 2-46 各种台座

磐石座（岩座）表现岩石的形状的台，形如坚固的岩石，上面多站立天部以下的夜叉、明王、金刚力士等。

瑟瑟座，是把规则的角材料拼合起来砌成的多角形台座，一般专供明王所用。瑟是庄严的意思。

荷叶座，是以倒置的荷叶形为台座，通常为护法天神所居。

礼磐座，僧侣坐的台，成了高僧的肖像雕刻的台座。

曲录座，是僧侣的椅子，禅宗的顶相几乎都使用曲录座。

云座，饰有云纹气浪形象的台座称为云座，此座安置的佛像较普遍，护法天神、佛教高僧常用此座。还有阿弥陀来迎时的云座。（图 2-47）

图 2-47 云座

禽兽座，以神禽瑞兽为形象的台座。如在佛座前蹲伏两只狮子，则称为"狮子座"。还有文殊菩萨的青狮，罗刹天子的白狮，大日如来、虚空藏菩萨也常以狮子为坐骑。其次为白象，普贤的坐骑为六牙白象，金刚藏菩萨、帝释天等也常以象为坐骑。而阿弥陀佛、孔雀王母菩萨、莲花虚空藏、孔雀明王、鸠摩罗伽天等均以孔雀为坐骑。另外，谛听为犬状神兽，也称为地听、善听，为地藏菩萨的专用座。[1]

能综合体现这些佛座的是宝梵寺壁画。如药师佛的须弥座，达摩的磐石座，宾头卢的曲录座，半托迦的罗汉床，等等。在蒲江沙河寺壁画中，善财童子第十七诣，普眼长者所坐为礼磐座，但其有高大的靠背。在剑阁觉苑寺壁画中，关于佛座的描绘也较多，而且为典

---

① 赖荣伟：《陶瓷工艺雕塑》，辽宁美术出版社，2017年，第61页。

型明代传统,盖其粉本基于宝成和尚于永乐二十年(1422)在《释迦如来应化录》基础上编纂的《释氏源流》图谱。

　　佛座是人们不同时代的家具和生活样态的折射,是人们身份意识的潜意识表征,是佛教艺术中浓墨重彩的艺术创造,工匠们在四川明代佛寺壁画中精雕细刻的佛座,成为历史的美好回声,为当下的艺术创作提供了极具魅力的范本。

第三章

# 因心造境
## ——四川明代佛寺壁画中混沌的民俗悟读

　　在人类发展史上，神话和传说都是令人瞩目的浪漫文化现象。神话和传说的发轫及其呈现的发散形态，折射出民间蕴藏的深层社会经验和民俗文化心理，具有奇幻与现实交相辉映的特点。"从想象的心理活动来看，神话（笔者注：或传说）中由各种表象组合的新形象尽管奇幻，却仍然离不开人脑对现实生活的反映。"①尽管人脑意识目前仍旧是未解之谜，但它是人类意识的加工厂——理性与反理性、智慧与愚钝、疑惑与灵感、混沌与明晰……因此，神话和传说是一种特殊的意识形态，在艺术民俗学研究中具有重要的地位。

　　按卡尔·马克思的理解，神话（笔者注：或传说）是"已经通过人民的幻想用一种不自觉的艺术方式加工过的自然和社会形式本身"。②黑格尔认为，"艺术是最早的对宗教观念的形象翻译"。③而神话传说、民俗信仰中隐含有民族的过去，也显化出不同地域人民的生活历史。笔者在考察四川明代佛寺壁画时，总能听到一些上了年纪的人讲述一些传说，信誓旦旦，就像其亲眼所见一样。虽然这些说法大都经不起推敲，但经本地人世代口耳相传，逐渐固定成一种地域性文化魅力的载体，将错就错；其着眼点并非聚焦于内容的确凿性上，而是以神话、造像方式对民族生活与民族历史进行着诗性叙述，寄托一种乡土情结的自豪感，成为人们之间一种深层心理的连接纽带。

　　"神仙妙技涂于壁，万古丹青巧不来。"四川明代佛寺壁画相关神话传说，在艺术民俗学中悟读，大体可分为三类：一、壁画作者的附会传说；二、壁画灵异的传说；三、壁画内容的曲解。

---

　　① 屈育德：《神话·传说·民俗》，中国文联出版公司，1988年，第3页。
　　② ［德］马克思：《〈政治经济学批判〉导言》，《马克思恩格斯选集》第2卷，人民出版社，1972年，第113页。
　　③ ［德］黑格尔：《美学》第2卷，朱光潜译，商务印书馆，1979年，第24页。

# 第一节　壁画作者的附会传说

## 一、对画家圣手的附会

### （一）对吴道子的附会

调研四川明代佛寺壁画的民俗内涵，我们发现一个有趣的现象，那就是许多壁画都被民间认为是唐代的画圣吴道子画的，而且这个传说在当地流传甚广，讲述的人对其真实性很是确定，尽管这些传说本身存在很大的逻辑硬伤。

我们来看看传说吴道子所绘制的壁画代表——剑阁觉苑寺的《释氏源流》。袁有根先生著《吴道子研究》有一段记载，原文如下：

> 1994年6月22日黄帮红先生（六十三岁，剑阁县文化馆文物干部，现已退休）告诉我："觉苑寺是初唐时修的，《剑阁县续志》有记载。在堰塘里捞起一个石灯台，是唐元和十年的灯台，上刻有字。石灯台可以在寺庙修好若干年之后再造。这灯台起码可以说明元和十年之前已有觉苑寺。"接着，黄先生给我讲了吴道子在觉苑寺画壁画的美妙传说："一千多年前，大殿修造竣工，塑像开光道场隆重举行，香烟缥缈钟磬齐鸣，万事都如佛意，唯独四壁空空。住持僧意欲求画师绘制《佛传》故事壁画。让谁来画呢？有武连文人居士倡议，邀请正在蜀中游览的吴道子执笔。于是请来吴道子，特开斋设宴款待。光阴荏苒，数月过去，眼看四月初八佛诞节即将逼近，吴生仍未动手绘画。住持僧心急如焚，前去催促吴生动手绘画。当即调好几十盒（笔者注：在其他版本中有说"盆"的）各色颜料，脚手架搭在墙上，一切准备就绪。时至四月初七，佛诞节即至，四壁仍是空空，众僧侣无可奈何。翌日清晨，打开中门，只见四壁金碧辉煌，全本《佛传》故事画一夜而成。"①

其他版本传说往往还要加上一句"画圣吴道子却不知去向"做结尾。

当然，吴道子到嘉陵江考察是真，但其行进路线和旅行时间都已经淹没在历史长河中。为了让传说归为逻辑有序的史实，袁有根先生在《吴道子研究》一书提出："天宝中，吴道子奉诏到四川嘉陵江一带体验生活时，应四川剑阁觉苑寺住持之请，为觉苑寺大殿画壁。该壁画元末寺庙失火而毁。现存觉苑寺壁画系明天顺年间重画（详见《吴道子嘉陵江畔画迹之考察》)"②的见解，以想象力填补了历史的罅隙，让传说归为日常逻辑。

剑阁自古处于金牛道要津，其地喜好崇仰名士。如剑阁觉苑寺壁画所在地武连镇15

---

① 袁有根：《吴道子研究》，人民美术出版社，2014年，第35页。
② 袁有根：《吴道子研究》，第136页。

公里处的天字山下有个"魏公祠",魏公指唐代名臣魏征,此祠用以确认魏征于此地出生。《保宁府志》卷二十七记载:"文贞书院在剑阁武连驿。元泰定年间(1324—1327)迁县治于梓潼,监察御史忽鲁大都与亚中大夫李义甫以魏征生此,因改旧学建书院,今废。"①

明代曹学佺所著《蜀中名胜记》卷二十六记载:"《志》云:'逍遥楼废址,在武连旧县,唐颜真卿书扁三大字碑刻在焉。元改武连县学为魏公书院,以唐魏征所生之地也,学正王惠为之记。'"②这说明,元明之时已经有魏征生于剑阁武连的民间记载了。

另外,在觉苑寺观音殿右堂收藏着一具华丽的棺材——赵炳然棺,其侧面有贴金仙鹤图案,正面有"皇明……兵部尚……"字样(图3-1)。赵炳然生于1507年,卒于1569年。他出生在剑州石盘山下,是土生土长剑州人。赵氏祖籍为河南洛阳大槐树湾,因其八世祖赵致中来隆庆府(治所在今剑阁县普安镇)任知府,故举家迁至剑阁定居。赵炳然一生顺遂,14岁中秀才,25岁中举人,29岁赐进士,被委派到江西省新喻县任三年知县,因政绩卓著,被"荐为异等"。他一生战功卓著,曾平定云南边境

图3-1　剑阁觉苑寺观音殿右堂的赵炳然棺木

叛乱,大破居庸关蒙古军队,协助戚继光剿灭侵犯闽浙之倭寇,是乡亲的骄傲。

上述看似无关的三个传说,实际上都指向一种地方文化的开放性。只要能提升地方的人文底蕴,形成一种激励地方志士奋发有为的地方精神,附会虽有种种牵强之处,但其浪漫主义色彩的感性美,依然是人文主义内涵的重要源泉。

### (二)对唐伯虎的附会

在巴蜀地区,还有一个画家也是人们附会的对象,那就是唐伯虎。在广汉本地,老百姓认为龙居寺中殿的十二圆觉壁画为明代唐伯虎所绘。现在我们知道,广汉龙居寺十二圆觉壁画成画于明成化二年(1466),而唐伯虎过了四年才出生,即成化六年二月初四(1470年3月6日)。而且,唐伯虎一生游走名山大川的轨迹也主要在闽、浙、赣、湘,"扁舟独迈祝融、匡庐、天台、武夷,观海于东南,浮洞庭、彭蠡",③并没有踏足四川境内,所以,这个附会很容易被证伪。但是,四川民间普遍崇拜唐伯虎的现象却值得注意。笔者小时候在四川农村生活过一段时间,就有当地人戏说唐伯虎的记忆。

现在我们知道,历史上真实的唐伯虎是明代中期才华横溢的书画家,人生起落无常,终以卖画为生。但是,活跃在市井儒林视野的"唐伯虎",则是一个经过历代演绎与戏说

①　转引自杨仕甫编著:《文化剑阁》,中国戏剧出版社,2008年,第73页。
②　(明)曹学佺:《蜀中名胜记》,刘知渐点校,重庆出版社,1984年,第392页。
③　(明)唐寅撰,陈书良、周柳燕笺注:《唐伯虎集笺注》卷七《墓志铭》,中华书局,2020年,第851页。

而形成的,恃才傲物、生性狷介、卧柳眠花的"风流才子"形象。[1]这种误解和歪曲,是民俗文化中非常典型的现象,在真实内核的基础上,包裹上人们的社会期望心理信息。譬如唐伯虎性格任逸不羁,意满志得时吟啸花月,有十一首《花月吟效连珠体》传世,失意落魄时自建桃花庵,成为桃花仙人、六如居士,并自刻印章"江南第一风流才子",坐实了"风流才子"的传奇。他的"三笑姻缘"点秋香、九妻、戏耍宁王的传说,多是误解和歪曲,但是寄托了人们对人生诸多矛盾挑战的妥协与展望,折射出各个时代的文化风貌,成为脱离唐伯虎本身而存在的与时俱变的公共叙事文化符号。

另外,唐伯虎的诗文与书画是其民间偶像号召力的重要来源。他的诗文内容既有香艳缠绵的享乐主义(如《寄妓》《花酒》等),也有直抒情志心性的《漫兴》十首、《桃花庵歌》等,还有劝世箴时的俚歌(如《警世》《百忍歌》等),喜以浅俗易懂的俚语入诗,重情义而弱章法,雅俗共赏,在市井传唱,具有广泛的偶像号召力。唐伯虎的书画名列"明四家"之一,山水、人物、花鸟皆相当出色,画风不入南北二宗,却兼南带北自成一体,沟通了上层文化与通俗文化。如果说《孟蜀宫伎图》是唐伯虎艺术中的阳春白雪,那诸多春宫图以及与戏文小说相关的历史故事图画(如《东方朔偷桃图》等)就可视为他艺术的下里巴人,为他的人品与传说提供了很多传播学的香艳佐料。

据苏州民间文学专家潘君明研究整理,散见于全国各地的唐伯虎传说故事非常多,[2]它们大都围绕着唐伯虎的绘画才能展开:一类是赞颂他天资聪颖、求艺专注、画艺神助的,如《鸡鸣图》《画杨梅》等,极尽渲染之能事;二类是表现唐伯虎依托画技,不趋权贵、惩恶扬善的儒侠之气,如《画鹰赎少女》等;三类是风流多情,基本以三笑和九美图为蓝本以讹传讹。所以唐伯虎后的每个时代,民间都想借由唐伯虎的形象符号传达自己的价值取向、审美标准。人们将唐伯虎塑造成这个时代的大众偶像——才子英雄,其目的是想曲笔表达各阶层在社会现实中无法充分张扬的自由意愿,让他有足够的勇气和充分的兴趣去替市井小民实现浪漫的社会理想:无拘无束,进退自如。

图3-2　毗卢寺壁画《玉皇大帝》

所以,人们相信唐伯虎创造了广汉龙居寺中殿的十二圆觉菩萨壁画,这是一种双赢的文化传播策略。事实上学术界认为,唐伯虎确实也影响到了明代佛寺壁画,典型例子

① 王卫平主编:《明清时期江南社会史研究》,群言出版社,2005年,第115页。
② 王卫平主编:《明清时期江南社会史研究》,第137页。

即毗卢寺明代壁画"玉皇大帝图"疑似源自对唐氏真迹的临摹。[1]

毗卢寺位于石家庄市区西北,其明代壁画保存在释迦殿和毗卢殿内,计200多平方米规模。"玉皇大帝图"系水陆画的一部分,在毗卢殿内,玉皇大帝身着帝王服饰,神态庄重祥和,其身侧伴随着神采奕奕的天将和曼丽的侍女(图3-2)。当地人传说这组画为唐伯虎所为。的确,画中的侍女与现存唐寅作品《贵妃出浴图》中的侍女有一定相似度,面目白皙,身材丰满,丹凤眼、柳叶眉、高鼻梁、樱桃嘴。但这种相似可以海选出更多画家的作品,所以是粗线条的感觉而已。为了让传说更生活化,也即符合逻辑,人们还为此配上了一个传说:据说当年唐伯虎上京赶考路过毗卢寺,为求高中烧香拜佛,并驻足于此留下了这幅珍贵墨宝。后来当地百姓为了纪念唐伯虎,就把原地名"尚京村"改为"上京村"。这个传说显然将水墨画的挥洒与工笔画的烦琐搞混了,大众往往天真地以为一个人可以一蹴而就完成一幅庞大壁画。另一方面,这个传说涉及文人水墨画的概念,表明其产生时间较晚近。实际上,据碑刻记载,毗卢寺壁画是1535年至1538年正定地区一个民间画工班子的杰作,他们可能在制作粉本时临摹了唐伯虎的作品。

## 二、仙人的神迹遗落

### (一)童颜鹤发的老人

吴道子是家喻户晓的画圣,借用其大名提升作品盛名是可以理解的。除了剑阁觉苑寺壁画,蓬溪宝梵寺壁画也有吴道子所绘的传说。但吴道子在剑阁出现的可能性远远大于出现在遂宁蓬溪,所以,宝梵寺壁画的创作者的身份就出现了"模糊"——神仙。

据不同表述的宝梵寺壁画传说资料整理:

> 在宝梵寺重建时,寺中长老请来了一位童颜鹤发的老人作画。但是,老者整日闲游,迟迟不见动笔。临到大雄宝殿佛像开光仪式的前一天,他才向长老要了几把扫帚,并将各色颜料配兑在一只木桶中。待到夜深人静时,老人潜入殿内,蘸色挥帚,在四壁狂抹。有一个好奇的小和尚前去窥视,但见扫帚过处,法像跃然,五光十色,金碧辉煌,不禁大声叫好。老人闻声弃帚,破壁飞升而去,不知所踪。

图3-3 蓬溪宝梵寺壁画第一铺破壁是传说的焦点

这个传说好像刻意针对"破壁"而言,也就是宝梵寺大雄殿北壁东侧墙壁第一铺壁画的位

---

① 《毗卢寺壁画摹本永陵开展,唐伯虎版玉皇大帝也来了》,《华西都市报》2017年6月12日。

置(图3-3)。这铺壁画乃整个大殿内《西方境》壁画组合的开篇,笔者认为,其一定存在过,或许因不可知原因破坏了。查阅资料,1713年9月4日,"全蜀大地震,茂州(治今茂县)震甚,倾塌城屋,压杀人民",造成乐至、广元、三台、潼川府、射洪、蓬溪等"毙人民甚多"。[①]或许这铺壁画就毁于此灾。现在殿内与这空壁相对且连于一线的南壁东侧,补绘了《南天仙子西游》,经专家鉴定时间在清乾隆二十四年(1759)。笔者推测,这两幅壁画墙体或许皆在地震中受损,几十年后补绘了一幅,但效果不甚满意,于是放弃了对第一幅的补绘工作。并用这样一个美丽的传说,将殿墙破处赋予神秘性,反而增加了对信众的吸引力。当然,从另外一个角度理解,这则宝梵寺壁画作者的传说,当在破壁的清代以后了。

**(二)鲁班菩萨显圣**

与宝梵寺壁画仙人身份模糊不同,具有明确民间画工风格的遂宁慧严寺壁画,其作者传说指向工匠之祖鲁班先师。这是蒋姓守庙老太记忆中的传说:

> 建立慧严寺时,主持鸠四方匠师,其中有一头发凌乱的工匠,被其他人看不起。这个匠人被派去值夜守更。可是第二天早晨一起来,这些工匠发现:明堂高大的庙宇一夜之间被建成了,而且大殿里面宝相庄严的佛像也已塑成,那头发凌乱的工匠却已经不知所踪。谁有抛木为梁,摔泥为像的超能力呢?人们忽然想起了工匠祖师爷——鲁班。所以,人们认为,慧严寺的建筑和雕塑应该是鲁班菩萨显圣的结果,那个蓬头者就是鲁班。

这个传说没有明确壁画的作者。我们不禁要问,鲁班除了具有建筑、造像的能力,还有绘画的技能吗?南京艺术学院吕少卿教授有篇文章《鲁班原来还是个画家》指出:"偶见于历代记载或传说中的画工有春秋战国鲁班、西汉毛延寿等。"[②]所以,我们就当上述传说默认了鲁班对壁画的绘制。

我们知道,在传世中国古代绘画作品中,画工画占大半壁江山,是中国民族绘画传统的重要组成部分。但是,在文人画家具有话语霸权的古代,画工社会地位低下,一直不受重视,作为"文人画"的对立面,画工画几乎一直受到文人画阵营的抨击和贬抑,因此,在百姓的心目中,蓬头垢面是画工的日常写照。但是,在道家传说中,长相奇异的得道高人往往隐匿在人群中,他们经常会来个命运翻转,让人们得到珍贵的经验和教益,所以,这种民间认知心理会趋于认同"蓬头垢面"的工匠有高人的特质,这与壁画的质量是相称的。

## 三、梓潼玛瑙寺记载的画家

梓潼玛瑙寺虽然因为1970年4月的火灾被焚毁,但其在四川明代佛寺壁画研究中却很独特。据卢丕丞、敬永金《〈梓潼年画〉在山东潍坊植根追述》一文记述:

---

① 张力:《龙门山断裂带上的历史地震》,《文史杂志》2008年第4期。《四川地震资料汇编》第一卷,四川人民出版社,1980年,第105—108页。

② 吕少卿:《鲁班原来还是个画家》,https://www.sohu.com/a/336363886_653741,2019.8.26。

此（笔者注：梓潼玛瑙寺）壁画为《送子天王图》，笔墨遒劲、圆润，浅深晕染，敷粉简淡，风格稀疏，民国以来，一致传为唐吴道子所画。1964年省美协会员梓潼县文化馆龚学渊等同志……始在建筑物中发现了……"梓潼县城东关秦贵及徒八人绘"，说明了此画是明代民间艺人所作。①

图3-4　杨家埠年画（左）和梓潼年画（右）

这些民间艺人的画，能乱吴道子真迹，与吴道子同有"笔不周而意周之妙"的神韵，可见当时梓潼民间绘画艺术已具相当水平，只是时间让他们消失在历史长河中，不过，梓潼年画却以民间画工的方式保存了相关历史记忆。

《〈梓潼年画〉在山东潍坊植根追述》还指出，绵阳梓潼年画的传人与山东潍坊市寒亭区杨家埠年画有深厚的渊源关系，而"杨家埠"年画现在属于中国当代四大年画之一。据传梓潼年画起源于南宋，明清时达到鼎盛。明洪武二年（1369），梓潼年画艺人杨伯达为躲避战乱，从梓潼远迁至山东潍坊创立"杨家埠"年画。梓潼与杨家埠，两地以年画结缘，并行发展，据统计，明清至民国的梓潼本地年画作坊多达二十余家，现在潍坊杨家埠的杨姓画坊也多达百余家（图3-4）。②

至于梓潼民间画工迁移的原因，主要是战争。从元末到明初，地处川陕大道要冲的梓潼主要战事有：至正二年（1342）赵和尚起义攻占西川数十州县；至正十一年（1351）全国

①　中国人民政治协商会议梓潼县委员会文史资料研究委员会编：《梓潼文史资料选集》第7期，1989年，第72页。

②　山东潍坊市寒亭区志办在编写地方志时，副主编谭家政于1985年和1988年入川来梓，带来了潍坊年画资料及杨家埠的族谱、碑文、宗谱，文曰："杨氏一族，原籍四川成都府梓潼县人，自前明洪武年间迁潍，居浞水西岸，隆庆六年因水患，复迁西埠。"碑文亦曰："潍东杨氏，原籍四川梓潼县人，自故明成化迁潍，卒葬村北，累世坟兆可稽。"山东潍坊杨家埠之杨氏宗谱和碑文有不同记载：宗谱为"洪武"，而碑文又为"成化"。根据四川历史背景，似为宗谱所记"洪武"较当。

红巾军大起义,明玉珍率领的红巾军在梓潼、剑州、广元一线多有战斗。田土普遍荒芜,人口大量死亡和逃散,成为时代的写照。在这种战乱民不聊生的情况下,以杨氏为代表的梓潼人带着民间绘画、雕刻等手艺,经川陕大道北上,辗转落户山东,是可证之史实。这种迁移还大规模发生过,如在明天顺七年(1463)德阳人赵铎起义中,梓潼人经北方陕甘、湖广及至河北、山东迁徙者多达千人。

所以说,梓潼玛瑙寺明代壁画的画工——梓潼县城东关秦贵及徒八人——是一个小群体,与杨家的年画群体一起,构成了明代民间画工的繁荣生态。他们随着文化的迁移,将一地文化移植嫁接到另一地,成为绵长的中华民族文化园地的重要拓荒者和传承人。

# 第二节　壁画灵异的传说

佛寺壁画具有信仰因素,但是对于下里巴人来说,这些信仰既是神秘的,也是跟自己的生活息息相关的,因此,壁画与人们的连接就出现了世俗的异化。一种异化认定壁画中的某些因素是对自己周遭生活的记录和描绘。这在东西方壁画史上也较常见,譬如米开朗基罗在《最后的审判》中就描绘了被剥了皮的自画像,以及阻碍自己工作的红衣主教被画到地狱之中。一种异化是对壁画中的元素进行神秘化认知,使其神异力量渗透进自己的生活之中,从而建立起一种"灵性"的认知,使日常生活拥有一种浪漫主义的力量感。前者如报恩寺万佛阁第二层《诸天礼佛图》中的护庙大师"王和尚"为典型,后者以宝梵寺第八铺壁画《调伏老虎》中的老虎神怪传说为典型,这些传说使得壁画、寺庙以及当地生活显得更具魅力。

## 一、报恩寺万佛阁第二层"诸天礼佛图"中的护庙大师"王和尚"

向远木《报恩寺揽胜》曾记载王和尚的传说,[1]在报恩寺万佛阁第二层《诸天礼佛图》的南壁东铺中,倒数第二个人就是传说中的护庙大师"王和尚"(图3-5)。

据传王玺、王鉴父子费尽资财和心血修建报恩寺,需要找个王家子弟来庙里当代理人。正当他们忧愁王氏子弟无人堪选之际,王鉴堂兄王钥的哑巴儿子来毛遂自荐了。但王鉴认为哑巴不能当和尚。当晚,王鉴做了个梦,梦中,佛祖旁边的伽蓝侍者告诉他:"报恩寺里龙蛇成精,石鬼成怪",佛祖想派哑巴去管教那些孽畜。王鉴惊疑道:"他不会说话,也听不见人言,尤恐冒犯天规。"伽蓝答曰:"你带他到佛祖前叩头,佛祖自会广开天恩。"第二天,王鉴叫上王钥,告知梦境。然后,二人带上哑巴到大雄宝殿叩拜佛祖。三拜结束,哑巴转头微笑,开口告诉王鉴和王钥自己能听见了。于是,他们就让哑巴当了和尚。

哑巴会煮饭擀面,住在斋房做一日三餐。他也天生神力,身体壮实,每到夜间就提着

---

① 向远木:《报恩寺揽胜》,中国三峡出版社,2000年,第157—163页。

图3-5 平武报恩寺万佛阁二层南侧东铺壁画

切面刀练武。庙里其他和尚发现，王和尚练武时，前面有一个持兵器的蓝衣武士在教他。他们想凑近看个究竟，可武士不见了，稍退后一点，武士又依稀出现了。众人才意识到这是菩萨在传艺给王和尚，好让他为报恩寺降妖除魔。

话说报恩寺南面的药丛山上，住着一个由乌龟修炼而成的铁板道人，他有三个徒孙化成石龟困在报恩寺里，其中两个被圣旨碑压着，一个被拴在空地上当听用。这天夜里，铁板道人念动咒语，激活石龟，让它们逃离报恩寺，准备进入涪江，西进大海。王和尚听到其他僧人惊呼"石龟跑了"，赤手空拳追出寺庙，见听用石龟逃到北山脚下将到河边，急忙从地上抓取一块长丈余、宽五尺、厚六寸、重千斤的石头砸向其背，让它动弹不得，而另两只负碑之龟也吓得定在原地。铁板道人质问王和尚为何困住徒子徒孙。王和尚答曰："道长息怒，孽畜功德未满，妄想逃窜，理应受罚，请道长少管闲事为妙。"道长不敢造次，收手回山。而压龟石板呢，后人把它刻成石碑，永远留在了北山脚下。

在报恩寺转轮藏四根殿柱上囚着四海龙王，这是对他们数百年前水淹百姓的惩罚。但龙王们觉得看守佛经修身养性赎罪太清苦，一直密谋夜里化成蛇查看逃离寺庙的路径。某日，铁板道人怂恿龙王们逃走，他说："六月六有暴雨，你们再不逃就来不及了。"果然，六月六天降瓢泼大雨，涪江白浪滔天，龙安城似一叶扁舟，水漫报恩寺山门。四条孽龙蠢蠢欲动。殿门边的龙王口渴难耐，首先溜出殿来。它经过天王殿，把头伸到金水桥下喝水，被小和尚发现了。正在斋房擀面的王和尚听到动静，提起切面刀就追出来。他见龙王向山门逃窜，就飞刀斩断其前爪，将它阻回殿里，其他三龙王则被吓得不敢动弹。而那刀因惯性劈进了天王殿的门槛上，刀痕留存至今。

某夜，铁板道人见报恩寺山门外的石狻猊在跳舞，他就飞到寺外对狻猊说深山才是它们的家。狻猊信以为真，跟随铁板道人来到药丛山洞府。铁板道人指着洞前两个石墩说："这是我为你俩安排好的座位，别回报恩寺了。"狻猊爬上石墩坐好，没想到再也不能脱离石墩，动弹不得。报恩寺内已经发现狻猊失踪了，但就算官府捕快来查巡也不见下落。王和尚睁开慧眼查看药丛山，见妖气缭绕。他腾云驾雾赶到药丛山洞府，见到被绑架的两个畜生。王和尚见不能将它们跟石墩分离，索性拿出绳子把狻猊和石墩一起挑回寺庙。铁板道人偷鸡不成蚀把米，反而丢了两个精美石墩。

这王和尚屡屡护庙，王鉴和庙里和尚都想推他当主持。王和尚谢绝请求。最后，大家推他当护庙大师，住在鼓楼下，如果庙里有事，可击鼓为号。而铁板道人一直对王和尚耿耿于怀，他借观音会人山人海赴会的时机，派出弟子混迹人群中，打探到王和尚的住处。夜里，一道白光从北山顶上直射鼓楼，鼓楼顿时陷入一片火海之中。王和尚急中生智，高喊："寺内龙子龙孙，赶快救火！"霎时，报恩寺内九千九百九十九条龙一齐向鼓楼喷水。虽然鼓楼终被焚尽，但其他庙宇终归被保住了。时至今日，报恩寺仍旧只有钟楼而无鼓楼。王和尚知道火灾乃铁板道人所肇，提起切面刀奔其而去。二人一番缠斗，那铁板道人被劈回乌龟原形，滚进涪江。现在，报恩寺壁画中的护庙大师"王和尚"还在保护着寺庙。

## 二、宝梵寺第八铺壁画《调伏老虎》中的老虎神怪传说

宝梵寺附近的村民传说：

> 自宝梵壁画作成之后，宝梵寺附近村民所养家禽鸡、鸭、鹅等常常莫名其妙"失踪"。某天，村民们突然发现有一只小老虎（当地人又称其为大猫儿）正在扑杀鸡、鸭，便呼唤邻里操起棍棒追撵。小老虎径直往寺内逃去，村民们追进寺内，四处寻找，却不见踪影，随后找进大雄殿，看见壁画上的那只侍虎正浑身冒汗，嘴角上还粘着带血的鸡毛，众人才恍然大悟，认定就是壁画上的侍虎显灵作怪。之后，又每每如此。于是，村民们在惊奇之余，便用铁钉钉住侍虎的眼睛，方才治住了灵怪（图3-6）。[①]

这幅壁画乃宝梵寺第八铺壁画《调伏老虎》（原名《地藏说法》或《罗汉补衲》），主绘右侧为第八罗汉伐阇罗弗多罗（有题记），中间为第十罗汉半托迦（无题记），左侧为第十二罗汉那伽犀那（无题记）。伐阇罗弗多罗曾是猎人，出家后戒了杀生，终修成罗汉。有两只小狮子因感激并颂扬他放下屠刀，奉侍追随在他身边，故有"笑狮罗汉"之称。半托迦因其打坐时常用半跏趺坐法，打坐完毕即举手呼气，故称"探手罗汉"。那伽犀那原是佛学理论家，倡导"六根清净"，有"挖耳罗汉"之称。此图中那伽犀那手调卧虎，老虎则昂首竖尾，哮而近之，但老虎的聒噪对修行有道的尊者来说却毫无影响。

---

① 谢达波：《五百年不朽的川中"莫高窟"——观四川省蓬溪县宝梵寺古壁画》，《中国西部》2015年第27期，第35页。

图 3-6　蓬溪宝梵寺《调伏老虎》,壁画上的老虎被人抠了眼睛

# 第三节　壁画内容的曲解

对于壁画内容的曲解,一方面来自研究者及其研究方法的不成熟,一方面来自大众生活中日积月累的世俗化嬗变。

## 一、宝梵寺壁画半托迦罗汉被曲解成地藏菩萨

宝梵寺壁画第八铺《调伏老虎》原名《地藏说法》或《罗汉补衲》,因为人们认定中间所绘尊像为眉清目秀的地藏王菩萨。其实这是一种误解,早在20世纪30年代,前来考察的学者惊艳于宝梵寺壁画,但并没有详细研究,凭着图像的相似性就断定此铺壁画内容为"地藏说法"。另外,民国时期宝梵寺住持僧仁慈法师曾对十幅壁画赋名定出卷名,现在看来,她也对此认识得很模糊。后来的研究者甚至文物保护部门绝大多数也都没有再深究,直接转载上述结论。而且,新中国成立后的文物考察工作刚开始时并不是太专业,比如刘新尧在《宝梵寺古建及壁画初考》中,按新中国成立后评画专家习惯,以入殿对向三尊大佛分左右,再按四至方位横排编号。这种方式对壁画的图像认知有一定作用,但缺乏系统性和学理性,不符合传统古制。这样,在认知上导致了谬误流传,直到范丽娜等学者系统研究对此进行纠偏,这种情况才被学界正视。

范丽娜认为,依据传统,寺院中装饰设计应以主尊为基准,以主尊所面对方向分左右,先左后右,由里而外交错布局。这种遵从传统的研究,对壁画的原始意图把握更为准确。

所以,从壁画内容构成的系统看,本铺壁画与地藏无关。此画主绘右侧为第八罗汉伐阇罗弗多罗(有题记),中间为第十罗汉半托迦(无题记),左侧为第十二罗汉那伽犀那(无题记),因此《地藏说法》的命名也就失去意义,与之相关的文化解读全部归零。

尽管现在对宝梵寺壁画的理解已经很系统,但早先形成的传播影响根深蒂固,现在宝梵寺内壁画介绍展板仍旧沿用着错误的认识。希望相关部门重视这个问题,修订宣传文案。

## 二、宝梵寺壁画中摩利支天被曲解成猪神菩萨

宝梵寺壁画第五铺《禅定青狮》左上绘第十六天摩利支(图3-7),为三面六臂,正面端庄女相,左侧面丑陋瞋目貌,右侧面为猪面,菩萨装,身披青衣,出六臂,上两臂分持左宝铎、金刚杵,左右中臂于胸前持莲花,下两臂分持左剑,右钺。

在佛教文化中,摩利支天是从印度早期婆罗门教传播而进入佛教的神祇,在我国诸天信仰中辨识度很高,在藏传佛教和日本神祇信仰中也很流行。摩利支天女神像一般为三头六臂或三头八臂,其中左侧脸为猪脸,单独造像坐骑一般为七头猪拉着车。北京法海寺壁画、大慧寺彩塑中的明代摩利支天造像都遵循猪脸在左侧的仪轨,宝梵寺壁画在创作中显然具有随意性。

"猪"作为一种象征符号,在佛教义理中多指"贪嗔痴"三毒中的"愚痴",也即"无明"烦恼。摩利支天的汉译则是"光明"。光明对无明,智慧对愚痴,形成了佛教修行修法的辩证关系,两者互为一体,也相互转化。修行摩利支佛母的法门,可以熄灭众生身上的愚痴。摩利支天的猪可以变化出许多化身来,吃尽众生身上的病毒。所以,佛教造像有自己的理论和逻辑,以及文化的根源。

图3-7 蓬溪宝梵寺壁画中的摩利支天

但是,这些图像一旦与世俗心理和现实发生碰撞,就会产生奇妙的认知发酵现象。譬如在距离宝梵寺不远,从四川遂宁蓬溪县往道教圣地高峰山的路上,有一些神龛供奉着"猪神菩萨"或叫"佑猪菩萨""猪神土地",塑一女神端坐在一头肥硕的猪冢之后,接受香火供奉。而在附近的蓬溪县定香宫内,则供奉着道教的"先天斗姥紫光金尊摩利支天大圣圆明道姥天尊",形象为三眼三头八臂,手执不同法器的女神,在其宝座下面左右各有四只小猪。

在田野考察中,当地老乡告诉我们,供奉猪神菩萨主要关乎当地人乞求养猪顺利的需求,除了农家自己养猪外,本地还有大的养猪场。即是说,供奉猪神菩萨与供奉土地神一样,是满足直接的吉祥需求心理。有学者认为猪神菩萨

形象的来源与摩利支天有关系,笔者觉得这是解读过度了。猪神菩萨造像的理念虽植根于佛教和道教文化,但是其更多是以民间信仰的方式,采用了很原始、很粗糙的意义拼接的方法而形成。

倒是定香宫的"先天斗姥紫光金尊摩利支天大圣圆明道姥天尊"属于佛道融合的造像。此尊神还有别名,如天皇大帝、斗姆元君、斗姥元君、摩利支天等,其来源和意义包含着更多维的文化信息。

据《北斗本生经》载:斗姆于龙汉祖劫在玄明真净天修行玄灵妙道,侍奉元始天尊。后分身化胡,降生天竺国,为周御国王后妃紫光夫人。"因上春日,百花荣茂之时,游戏后苑,至金莲花温玉池边,脱服澡盥,忽有所感。莲花九包(苞)应时开发,化生九子。其二长子是为天皇大帝、紫微大帝,其七幼子是为贪狼、巨门、禄存文曲、廉贞、武曲、破军之星"。[①]故而道家以紫光夫人为北斗众星之母,名之曰斗姆、斗姥或斗母。

宋元时期,斗姆信仰从九星之母衍生出更加繁杂的内涵,一方面被道教神霄派奉为雷祖大帝,另一方面跟佛教密宗的摩利支天融合在一起,形成摩利支与斗母实为同一尊神的混沌认知。其造型亦深受密教多头多臂类的影响,一般为四头八臂、梳华精,手中分别拿着太阳、月亮、宝铃、金印、矛、戟等法器。

斗母—北斗—猪—摩利支天,中国的道教,外来的佛教,民间的天文信仰是如何形成意义的关联并固化为民俗艺术符号的呢?

我们知道,北斗与猪的连接渊源在中国文化中时间点是很早的。自古先民就认为礼斗可以禳灾祈福,如《史记·天官书》的记载显示,古代先民认为北斗七星的功能、征兆信息与农业生产是密切相关的。道教将北斗纳入神仙谱系后,称其与天、地、水三官一起执掌人间的功罪善恶。道家有"南斗注生,北斗注死"的说法。何谓南斗注生?《通占大象历星经》卷下云:"南斗六星,主天子寿命,亦云宰相爵禄之位。"[②]何谓北斗注死? 北斗对应人的九窍,九窍不通则人命危

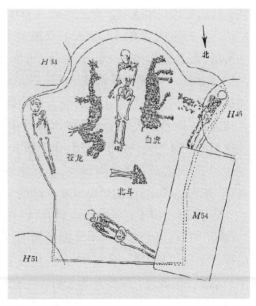

图3-8　河南濮阳西水坡45号墓葬北斗形象

殆,况且北斗象征君王南面,有生杀大权。所以,北斗神逐渐演化成专管生死之司命大神。这种膜拜是一种先民广泛存在的宇宙信仰、知识经验,一种约定俗成的天人交流的媒介,在出土的民间墓葬中可得到证实信息:如在河南濮阳西水坡45号墓葬中(前4500年左

---

① 王纲怀:《止水集(增订本)》,上海古籍出版社,2016年,第387页。
② 上海书店出版社编:《道藏》,文物出版社、上海书店出版社、天津古籍出版社,1988年,第5册,第15页。

右）先民以蚌壳堆塑与人体胫骨组成北斗形象（图3-8）；在湖北曾侯乙墓（战国时期）中，编号为E·66的漆箱盖上绘有二十八宿图案及朱书"斗"字；汉代，壁画、石刻、墓砖及随葬品等，以北斗为题材的表现更加普遍；此后，北斗画像石、南斗、斗极旗帜、"七星板"及"帝车"石刻等主题更是层出不穷。

但以上材料只是证明北斗信仰很重要，北斗与猪的关联到底在哪呢？战国时期解说和发挥《周易》的《易传》说，正北方之卦为《坎》，坎为亥，为水。亥，地支的末一位，属猪。北方壬癸水，取北方水象五行，以七猪应北斗七星。这说明我国古代先民将北斗与猪之形象进行连接采用的是五行生化之理。

斗姆是北斗之母，她驾驭七猪（或九猪）的形象与天竺传来的摩利支天以猪为坐骑在形象有重合性。斗姆与摩利支天的形象意义的牵连，最终在僧一行"北斗七星化七猪"的神话传说中得到圆满。据唐代郑处诲《明皇杂录·补遗》"僧人一行"载：僧一行法行高洁，尤善于数，造《大衍历》进呈，深得唐玄宗宠信。他年幼家贫时常得邻居王姥帮助。一日，王姥托一行为其子向玄宗求赦杀人重罪。一行以君法难求而拒之。王姥大骂一行忘恩负义。是夜，一行令工役在浑天寺空屋中备大瓮，密嘱二仆人在某坊某角废园中捕捉凡数为七之活物。果然二仆人捕捉到七头猪。一行把七猪关于瓮中，覆一泥，并用朱砂写上梵文咒语封印。隔天玄宗急召一行入宫中，告知太史奏报昨夜北斗消失的异象，询问化解之法。一行乘机劝玄宗大赦天下以禳灾。玄宗从之，王姥儿子获得大赦。一行每天放走一头猪，天上每晚增加一斗，经七日，北斗七星重新照临天下。[①]

据史载，一行曾先后跟从"开元三大士"的善无畏、不空和金刚智修习密法，其抓北斗的故事就是将北斗与密宗进行融合的产物。在密宗中的摩利支天菩萨，具备隐形自在的大神通力，能救芸芸众生于危难水火之中。其坐骑是一头猪，或乘坐于七头（或九头）猪拉的车上。这七头（或九头）猪，在中国文化语境下，即由北斗七星（或九星[②]）所化现。

到了元代，统治者信奉密宗，在元末杨景贤的杂剧《西游记》中，有个"摩利支天御车将军"的角色设定，说的就是家喻户晓的猪八戒的前生。

到了明代，由于嘉靖皇帝崇道，所以在吴承恩的《西游记》中，猪八戒的前生又变成了"天蓬元帅"。这个名字也不是随便起的，《道法会元·赞皇猷篇》中指出，"天蓬"乃北斗星神之化身："玄斗者，言北斗九宸，应化分精而为九神也。九神者，天蓬、天任……"[③]至于"天蓬"（笔者注：此乃天蓬真君，不是天蓬大将）形象，《道法会元·主法》曰："三头六手，执斧索弓箭剑戟六物，黑衣玄冠，领兵三十万众，即北斗破军星化身也。又为金眉老君后身。生于周时，孔子称卜庄子。"[④]所以道教的"天蓬"与摩利支多面多手的形象有相似之处。《西游记》将天蓬转生后的角色设定为"猪"形，也是对道教、佛教文化深度消化后的一种必然的偶然，因为在道教文化中，北斗破军星是猪面形象的，故而猪八戒"猪"的形

① 参见（唐）郑处诲：《明皇杂录》，田廷柱点校，中华书局，1994年，第44页。
② 北斗九星指北斗七星加左辅、右弼二星。
③ 《道法会元》卷一七二，《道藏》第30册，第108页。
④ 《道法会元》卷一五六，《道藏》第29册，第824页。

态与天蓬真君"英明神武"的形态是有宗教意义的脉络的。

　　上述资料说明，斗母—北斗—猪—摩利支天的形象符号对应转换，涉及庞大而深远的文化历史系统，既有上古神话遗绪，也有佛道两家开放融合的努力。如果说僧一行的传说是佛家对中国文化主动吸纳的证明，那道家以一种开放的态度接受佛家义理，将神祇形象融合，也是有史实依据的，如清代道教五十四代天师张继宗所著《崆峒问答》有言：

　　　　二五四问：斗法有几家？
　　　　答曰：斗法有数家，茅盘斗最为简易，大梵、紫光，可谓繁矣。
　　　　二五五问：大梵斗多释家咒语，何也？
　　　　答曰：大梵斗是唐一行禅师得自西域，故多梵语。
　　　　二五六问：如何尔道教之？
　　　　答曰：三教同源，道祖元始王即佛之毗卢遮那圣主；道之先天斗姥，即佛之摩利支天。道姥乃元始阴神，故为道家法主耳。
　　　　二五七问：北斗有猪辇声，何也？
　　　　答曰：宋高宗南渡时，夜闻空中有猪辇之声，见天姥现四头八臂，空中护驾。斗姥现相时有此声也。[1]

　　通观摩利支天壁画、斗姆以及猪神菩萨塑像，笔者发现，民间造神如猪神菩萨者，其思维很原始和粗糙，以生产生活的切身利益需求为动力，以艺术的想象力、创造力激励并护佑自身，具有嫁接性、片断性和浅表性。但是民间造神如摩利支天和斗姆者，则依循民族文化中系统化、义理化、脉络化的文化因子而建构，其意涵体系完整而逻辑通透，是浅表性的造神活动所不能比拟的。因此，对待上述两种迥异的神话和造像方式，不管是"运用迷信来说明历史"，还是"用历史来说明迷信"，[2]我们都应甄别对待，特别是对那些原初性的民族或宗教文化的基因内核，应该始终保持一种虔诚的敬畏之心，回溯文化存在的根本要义及其持有价值。

　　但是，不管猪神菩萨、斗姆抑或摩利支天，这些宗教形象在民间立足流布的内因，更大程度上是人们对其祈福禳灾能力的心理依赖，如斗姆元君"能阳能雨能变化，救灾救难救刀兵；祠嗣就生麒麟子，祈名金榜就题名；商贾者，利加增，祈求父母得长生，子孙得荣盛，夫妇寿康宁，万邪自皈正，诸恶化为尘"，[3]这些神圣力量、福国利民的祈愿和信念，顺应了芸芸众生积极良善的梦想需求，最终汇成了塑造人们精神灵魂的文脉。

---

　　① 出自《崆峒问答》。据传《崆峒问答》是流传在上海地区的手抄本，内容为清代正一派五十四代天师张继宗（1666—1715）与道友关于道教基本知识的问答，共327问。该抄本至今未见正式刊行，在"中华典藏"网站收录有全文，但错写为328问。
　　② ［德］马克思：《论犹太人问题》，《马克思恩格斯选集》第1卷，第425页。
　　③ 此段文字皆托言出自《太上玄灵斗姆大圣元君本命延生心经》，经查证为讹言，应为民间流行的祈愿文字。道经的解读之混乱也可见一斑。

# 第四章
# 乡土本位
## ——四川明代佛寺壁画与艺术民俗重建

在艺术民俗学中，"Folklore"意指"民间的智慧"或"民众的知识"，是英国学者汤姆斯（W. J. Thoms）于1846年提出的。从他之后，西方民俗学的发展出现了"英法学派"和"德日学派"之分。

"英法学派"的民俗学研究，代表人物有弗雷泽、山狄夫等，他们认为"民俗学是文明国家的民间文化传承的科学"，但是研究视角却具有浓厚的殖民文化意味，给人感觉是一种较高程度的文明对于落后文明的探奇。"德日学派"则抛开了"英法学派"殖民视角的研究路径，以德国"民俗学之父"黎尔和日本民俗学研究奠基人柳田国男为代表的学者，将民俗研究视为重建国民性和民族性的一项任务。正如柳田国男所说："民俗学是通过民间的传承，寻检生活变迁的踪迹，以明确民族文化的方向。"[1]这种观点已经被学界和大众普遍接受了。

现在我们知道，与统治者和文化精英相对的广大民众，是承载国民性和民族性的重要一极。"那些在民众群体中自行传承或流传的程式化的不成文的规矩，一种流行的模式化的活世态生活相"就是"民俗"。[2]它是民众在生存实践活动中，共同拣选、凝聚和升华而来的，具有法约性、软控性、本位偏移性。虽然民俗作为人类文化意识的原型，是处于人类文化意识形态塔构中的最底层的，但其无形和有形的物化形态对生人和社会都持续产生着强烈而重要的影响。

以马克思政治经济学视角理解，在人类社会结构中，"民俗"跟"艺术"一样处于经济基础和上层建筑的中间环节。一般文艺学理论指出，文艺产生于生产劳动等实践活动。而民俗学研究视角则剖析得更深入，认为文艺并不是直接从生产劳动中产生的，而是经过了一个民俗中介的过渡。也就是说，"人类早期的两大生产中首先萌发的文化意识，是浑

---

① 张士闪、耿波：《中国艺术民俗学》，山东人民出版社，2008年，第268页。
② 陈勤建：《文艺民俗学》，上海文化出版社，2009年，第2页。

然一体的民俗,而不是独立成体的文艺"。文艺性潜藏于原始巫术等这些民俗礼仪活动之中,是后来的人们,在原始民俗礼仪活动及观念淡化的情况下,肯定并抽离出了其中的文艺价值,直至推动文艺独立而成为一种文化形态。[①]

民间文艺反映着民众集体程式化的生存文化样态。因此,民间文艺与一般文艺的最大区别就在于"民间性",它是与民众信仰、人生礼仪、生产、技艺等因素紧密关联在一起,成为时代的、民族的深刻文化积淀。

在艺术民俗学范畴认识四川明代佛寺壁画,寻觅与之相关的一种历史文化的情境勾连,可以让我们更加眷恋昔日繁华,也激励我们重建对相关民俗文化的热情,重新发现四川明代佛寺壁画肥沃的民俗养分和丰富的文艺营养。

明代佛寺壁画静静地张挂在巴蜀大地的寺庙里,那些与社会民俗紧密相连的生活场景已经随着历史流转而物是人非。近些年,课题组成员沉入民间,走向田野,在调研和采访中,追踪四川民代佛寺壁画弥散在历史和当下的影响。"沉潜演赜分三极,广大凝祯总万方",[②]相信这种追寻能留下历史文化最美好的记忆。

# 第一节 当下四川佛寺壁画创作的民俗探究
## ——走访姚昌禄师徒

2020年6月13日,小雨。我和课题组成员刘显成教授一早赶到仁寿县龙正镇。碰到赶场,市集正酣,人声鼎沸,烟火气十足。此行是拜访四川佛寺壁画艺术家姚昌禄、张建华、何晓梅。三位艺术家持守宫廷壁画审美品格,以敦厚持重的心性和尽精微致广大的工匠精神,在喧嚣的现代环境中,为佛寺壁画的历史传承而紧攥文脉的绳系,从他们可以还原明代四川佛寺壁画"过去现在时态"的创作场景(图4-1)。

姚昌禄,四川德阳人,生于1971年,长期从事唐卡艺术、佛寺壁画艺术的创作,是现代民间佛寺壁画艺术的代表人物。段宏刚博文《姚昌禄和他的佛教艺术情结》对其有介绍。

张建华,四川仁寿人,生于1977年,师从姚昌禄,1998年开始从事佛寺壁画艺术的创作。何晓梅,四川仁寿龙正镇人,生于1978年,师从姚昌禄,长期从事佛寺壁画艺术的创作。张建华与何晓梅伉俪,在民间佛画艺术上比翼齐飞,成为现代民间佛寺壁画艺术的重要生力军。

因为张建华和何晓梅的家在龙正镇,为了方便照顾老人、孩子,他们在镇上临时租了几间宽大的房间作工作室。本次采访就在工作室内进行。

---

① 陈勤建:《文艺民俗学》,第3页。
② (唐)佚名:《齐和》,(宋)郭茂倩编:《乐府诗集》卷六《郊庙歌辞·唐大享拜洛乐章》,第89页。

图4-1 2020年6月13日,仁寿龙正镇采访。从左至右:何晓梅、张建华、姚昌禄、杨小晋

## 一、对话姚昌禄

### (一)姚昌禄的师承问题

**杨小晋(以下简称"杨")**:姚老师,您能谈谈您的师承关系吗?比如说,您的师父或者您师爷的情况,如他们属于哪个门派……

**姚昌禄(以下简称"姚")**:我师父跟的是藏传佛教四大活佛之一章嘉活佛的经师,名字叫罗桑殿大(音译)。我师父出家的法名叫"空明"。后来还俗了,他的俗名叫徐济生。师父老家在上海,由于逃难(笔者注:推测应是1937年上海"八一三"事变后的淞沪会战期间)到了成都近慈寺。[①]师父小时候在近慈寺跟罗桑殿达学习绘制唐卡和壁画。2019年,徐师父仙逝。

**杨**:您说展示给我们的壁画就是为近慈寺画的,这是在纪念您的师父吗?

**姚**:也算吧。这是十二圆觉题材壁画。展示给你们的这幅,画的是其中两尊菩萨。

---

① 近慈寺位于成都南郊石羊场附近。据《成都市民族宗教志》"近慈寺碑""近慈钟鼎刻记"载:近慈寺原属四川省华阳县"濯锦厢"故址,后被一张姓人家所辖。张家独子出家为僧,法名智绷。后张氏仙逝,族人劝说智绷还俗侍奉慈母。智绷道心坚固,将土地屋产变卖捐建寺院,成就修佛、奉孝两全法。这间明万历二十八年(1600)建成的寺院,因此名"近慈寺"。清乾隆年间,近慈寺已为成都城南一大名刹。但在清末民初的战乱中,近慈寺一度残破凋零。20世纪30年代末,在能海法师的努力下近慈寺再度崛起,成为由藏王敕封的黄教庙宇。为了宏大佛法,能海召集能工巧匠绘制各种佛像两百余尊,并培养了大批通晓藏语的人才,使近慈寺成为与汉藏血脉相连的重要寺院。"文化大革命"时期近慈寺再度遭受灭顶之灾。直到1982年,在原近慈寺西面(现为剑南大道北段1166号)修建了"古近慈寺",现在还在建设之中。

图4-2　姚昌禄、张建华、何晓梅为近慈寺所绘十二圆觉壁画的其中一幅

近慈寺在扩建中,还有很多壁画工程,十二圆觉壁画只是头一批(图4-2)。

**杨:**根据师承,是否可以理解为你们的技法大多是从唐卡来的?

**姚:**最开始是唐卡嘛。但准确地说,我们实际上还是受汉地的,如宋代绘画、元明壁画的影响要大一些。

**杨:**宋代壁画?

**姚:**宋代绘画,不一定是壁画。宋代绘画是很精美的。实际上画佛寺壁画,你不能只看壁画。如果说学壁画你只去看壁画,视线肯定就短了。真正要画好,所有艺术都要涉猎才行。你不能排斥其他画种。有的说我画国画排斥西画,这要不得。

**杨:**那也就是说,平时你们不画壁画时,就在研究绘画、书法这些?

**姚:**也要了解。练是练,但写得不好,哈哈。书法呀、线条呀是基础。

**杨:**你们学习的过程是咋样的?当时拜师没有呢?

**姚:**我们初期还是按照国画的学习方式来的。拜师,我们没搞那么传统了。师父认可了,你就跟到师父学。

**杨:**您是什么时候开始学的呢?

**姚:**我是1991年、1992年开始的。我从小喜欢画画,国画、素描都学过。一个巧合的机缘,就跟我们师父开始学了。当时,师父在绵竹三溪寺画唐卡,经朋友介绍我也加入一起去画,就这样认识了。

**杨:**那时您已经可以上手了?可以在墙上画了?

**姚:**那会儿是画唐卡,没画壁画。虽然之前喜欢画画,但实际是跟随师父以后,我才开始系统学习佛教造像,时间在1992年吧。

杨：我们看了很多佛寺壁画，明代盛期的壁画仪轨还是很严格的。明清时期佛寺壁画世俗化日趋严重。我想问一下，你们开始学习时，师父教你们辨认尊像以及画壁画的讲究吗？

姚：讲究，要教呀。我们开始要学习《佛说造像量度经》，这是一部关于佛像的尺寸、颜色呀，造像规矩的书，佛教造像的法度嘛。其实这出自大藏经，不完全是藏传佛教的造像规矩，汉地佛教造像也一样适用。《佛说造像量度经》是来自古印度。古印度就很宽了，不是现在的印度，释迦佛是出生于尼泊尔（笔者注：兰毗尼村庄）的。

杨：您知道您师父那一辈人从事佛寺壁画创作的匠人多不多？

姚：那些人新中国成立后就断了。当时政府勒令出家人还俗。我师父还俗后开始在成都教小学，教了两年后回到上海工作。在上海主要从事工会工作，也画画，画主席像呀、宣传画呀、海报等。那时也不允许画佛像画。退休后师父才又回到四川，因为他以前的师兄弟请他回来画佛像。然后我们才有机缘开始跟他学佛教造像。

杨：那他回四川应该在改革开放的1980年代了喔。幸好这个手艺有传承人了！

姚：准确地说，是在80年代末，90年代初，1990年左右。

杨：那你们同门师兄弟人多不多呢？他们现在还在从事佛画创作吗？

姚：不多，只有几个。现在画画（笔者注：艺术创作）的还有两个，真正在画佛像的，我看，基本上都没画了。他们搞其他的去了，大多还在画画，只是这个（笔者注：画佛像）有点累人！

杨：那现在川内像您这样同水平的、专业画佛寺壁画的人还有吗？

姚：真正画得好的，有，但少。因为现在年轻人大多舍不得像我们这样花功夫。不是说别人画不来，是说不愿花功夫。

**（二）姚昌禄的门下传承**

杨：姚老师，您的门下弟子多不多，传承情况如何？

姚：跟着学的还是有几个，但是真正坚持下来的不多。他们两个，张建华和何晓梅，做得很好。张建华属蛇，77年生人，他妻子何晓梅，78年生人。

杨：也就是这两位一直在坚持……

姚：王勇（笔者注：王勇系德阳人，76年生，从事佛寺壁画创作，性好崇道，也是姚昌禄老师的弟子，本次采访就是他牵线搭桥的）也一直在画。现在跟的人多，坚持的主要是他们三个。

杨：您收弟子的标准是啥？

姚：首先你应该有爱好，这是基本，然后再说其他的吧。

杨：你这个"爱好"，是指有点基础吗？还是仅仅有喜欢的想法？

姚：最好有点基础。

杨：比如说我们刚才看到的张建华老师和何晓梅老师，他们拜师前有没有基础？

姚：他们在中专学的美术，后来跟我一起画唐卡和壁画。

杨：还是以前那种作坊式的，传统的师门传承？

**姚：**训练是循序渐进的，跟学习国画是差不多的。具体的东西在画的过程中去讲，譬如这次要画观音，观音有啥规矩，她的手印、色彩等，让他们去认识。

**杨：**那您给弟子们讲不讲传统的技法？

**姚：**传统技法肯定要讲的，在画的过程中就讲了。

**杨：**包括制地仗方法吗？

**姚：**制地仗方法也只有讲一下，没有实践的机会。传统的我们都知道怎么做，包括传统的制布方法，藏地的制布方法等。最早嘛，就是一面土墙，然后用竹钉，然后绷麻，然后再用白泥和糯米。那个地仗制出来是很牢实的。这个是我跟师父学的，但现在没有实践的机会。一个原因是古代那种建筑没有了，一个原因是寺庙也没有要求，另外一个成本也大，所以我还没有实践过传统地仗，但知道怎么做。

**杨：**姚老师，你的绘画水平有目共睹，已经很高了。我看见很多达不到您水平的人申报了名师工作室、非遗传承人等，从政府那拿补贴，传承文化，您申报过吗？

**姚：**没有。

**杨：**为啥？

**姚：**我觉得用不着。前几年他们说给我搞个，绵阳的，享受政府津贴，我没去。因为你去，你就要花心思，我觉得没有必要。

**杨：**现在政府没有赋予您传承人等身份，我相信您自己肯定有一种责任感，要把这种技艺传承给下一代，80后、90后、00后，有没有这种计划？

**姚：**现在没有这种计划。为啥这样说呢？因为这个只有随缘了。现在年轻人学两天，他坐不住，这是主要因素。

**杨：**那假设让您放下一段时间到高校，把您的这种实践技法通过跟学校结合来做一些教学研究，您觉得难度大不大？

**姚：**这个我倒没想过。佛教讲缘，我是顺其自然的。

**杨：**姚老师，您想过把师门打开一点吗？我想，现代有现代的方法，比如，把自己的绘画过程制作成教程呀，编撰专业的书籍呀，教学视频，等等。

**姚：**这个不是想打开就能打开的。我有几个朋友想帮我搞，但没搞起来。北京很有名的一个画家哈日赤盖，他的朋友，中央民族大学的博导祁教授，就想搞这个。我一直没有精力去搞。画这个确实有点累人！

**杨：**除了画壁画和唐卡之外，你们还有没有第二职业？

**姚：**我们没有第二职业，长期就是画画。

**杨：**姚老师，我想问您一个敏感的问题，这涉及现代画工的生存状态。比如说，像你们这一张（笔者注：十二圆觉壁画），3米高，3—4米宽，行情价格是多少？

**姚：**我的不算高，但比起一般的，也不算低。有的两三万块钱一平方米，比我们挣的多得多，我们一般几千一平方米。有的也看情况，根据内容，复杂的高一点。

**杨：**根据时间周期来算，因为一般很长，所以其实也并不高。

**姚：**对！我们给私人画的时候高得多，但是给寺庙，相当于自己供养了。

杨：也就是说你们除了给寺庙画以外，还有哪些人喊你们画呢？一般用于哪些场合？

姚：私人有信仰的是自己供养，也有一部分搞收藏。

杨：为私人画的佛画，藏传佛教的多些呢，还是汉传佛教的多些？

姚：藏传佛教的多些，唐卡居多。其实佛教造像，严格说，要求高的还是藏传，我们汉传要随意一些。

杨：那您的孩子继承这门技艺吗？

姚：他学地质去了，不喜欢。我从小就把他送到我朋友那学绘画，学书法。他书法还不错。我从来不去鼓捣他去学啥子，让他这会儿去做他喜欢的。啥时候生活无忧的情况下，你觉得这方面你确实有这个才能，你再搞，我们不反对。我在我朋友中间发现一个问题，往往以这个为生的，能够坚持下来的很少，能搞好的更少。为啥？往往要随着雇主的要求去变。打比方说，你今天要给我画个大画，你只有画大画。我的几个画得特别好的朋友，都是处于生活无忧的情况下，生活没有问题。他从来不去跟进买画人的要求。说我今天要咋画，要么你就不要买我的东西；要买我的，我想咋画就咋画。往往他们成就还很高。为啥？他可以画自己追求的东西。所以，我让小家伙先把自己的生活解决了，再说追求这个。

### （三）姚昌禄师徒的佛寺壁画题材与仪轨问题

杨：姚老师，您可以介绍一下你们创作的比较大型的，或者制作精美的佛寺壁画吗？

姚：我们在上海三官堂①和重庆塔坪寺（笔者注：塔坪寺原名小昆仑古藏寺，位于重庆市北碚区静观镇塔坪村，属于藏传佛教壁画）画过。在成都龙泉石经寺祖师殿20年前也画过（其中四大天王壁画属于藏传佛教造像）。现在，我们在为近慈寺制作一批壁画，第一批就是你们现在看见的十二圆觉壁画。

杨：那你们标注了自己的名号没有？

姚：都没有。佛教造像都不标。

杨：我看见绵阳有些寺庙造像就标了的……

姚：其实准确地说，按传统，只是标供养人，很少把画家名字写进去。

杨：你们画了十二圆觉、二十四诸天、四大天王。那十八（十六）罗汉、善财童子、佛传故事等题材画得多不多呢……

姚：对。但罗汉壁画我们画的少，不是壁画，都是单幅的多。善财童子也画得少。佛传故事倒画了几套。我们在近慈寺要画的题材有：十二圆觉、二十四诸天、佛传故事、三十二应身，②还有罗汉像、寺庙里祖师像等。

杨：明代佛寺壁画的题材全在啰！那你们创作佛寺壁画时，现在还有什么重要仪式没有？

---

① 道教供天、地、水三官神的庙。

② 三十二应身，指观世音菩萨为济度众生，根据其种类和根性所示现之三十二种法相。即应以何种身份得度者，即现何种身相为其说法，令彼解脱。全称妙净三十二应入国土身。参见《楞严经》卷六。

**姚**：现在没啥仪式……

**杨**：那以前你们师父教你们的时候有没有仪式呢？

**姚**：烧烧香哪，简单的是有，想起来了做一下，没想起来也就算了。因为现在你想严格地（去做），也不大现实了。

**杨**：那烧香，一般是向谁烧呢？

**姚**：我们烧香，一般是画啥就向谁烧。我觉得，画佛像毕竟跟画其他的不一样，必须要有虔诚之心。不管是宗教艺术还是其他艺术，你如果没有虔诚之心，肯定达不到一定高度。画佛像，不管内容复杂与简单，态度首先要端正。至于钱的高低，只要你答应了，我说的，高应该认认真真画，低，也应该认认真真画，为啥，因为你这个毕竟不一样，你要把它当成一个事业，学佛的人把它当成修行，要有虔诚心来做。

**杨**：那你们画佛教壁画，对你们个人的信仰呀、生活习惯呀有没有影响？

**姚**：肯定是有影响的。像我们，持持咒唯，念念经唯，这很正常，因为毕竟长期你在搞这个。而且信仰是慢慢地培养起来的。没有信仰，你也画不到那个样子。你必须要有信仰，你才有心把它搞得更好。

**杨**：那像这张十二圆觉壁画，你们画完要花多长时间？

**姚**：这一套，三个人已经画了一年多了。

**杨**：这个尺寸是多大？

**姚**：3.1高。宽，最宽的4米多一点，一般3米多。十二圆觉菩萨有六张，马上画完了准备上墙。这算比较快的了，因为画这个不比其他的。你要想快，肯定东西就不一样！

**杨**：那画完后上墙，还有什么仪式没有呢？

**姚**：打包运过去安装好了寺庙会举行开光仪式，这是他们的事。

**杨**：那装藏呢？

**姚**：装藏是我们的事。我们按照《佛说造像量度经》写咒纸为画像装藏。它是在画之前写咒纸。所谓画之前，就是指上色之前，前面素稿已经画好了。我们在画面上每一个佛像的眉间、喉间、心间写"嗡""啊""吽"。

**（四）姚昌禄师徒佛寺壁画创作的技法问题**

1. 程序

**杨**：姚老师，我想问一下你们创作佛寺壁画的技法问题。就程序而言，有取稿、勾线、装藏、上色，那之后呢？

**姚**：因为是重彩，一般还要复勾和描金。就像这张十二圆觉壁画，技法跟国画的重彩画差不多。

**杨**：然后安装上墙，择日开光。现在你们的佛寺壁画是绘在布上，不直接在墙壁上描绘。我想问一下，你们不在墙壁上绘画是从哪一年开始的？

**姚**：也不是不在墙面上画，是根据寺院的要求。如果要在墙面上画，像现在的水泥墙，我们都是先制底，不能直接在水泥墙面上画。水泥墙容易返碱，颜色上去，当时你还不觉得，等一段时间它就开始翻底子、返碱、变色。随便你多好的本事，那个是避免不了的。

水泥墙做地仗麻烦,用画布画好了贴上去,或把画布固定到墙上再画,都可以。

**杨:**也就是说,自从寺庙用水泥进行建筑时,你们就开始用这种方法啦。

**姚:**就是。我的师父那一辈,他们多是将制好的布贴在墙壁上后再画。我们是根据情况,现在当家师父喊我们画起了去贴,我们就画好了去贴,他如果喊到现场画,我们就到现场画。比如我们在上海三官堂就是现场画的,完工时,当家师父跟上海画院的一批画家关系好,那些画家去看了之后评价非常高。

**杨:**你们画完了,留了照片资料没有? 比如三官堂的。

**姚:**有几张,都是手机照的,没有专业设备。

**杨:**可惜了,你们要保存一些资料喔。这种方式的壁画大概能保存多长时间?

**姚:**这个要看咋个保存,只要不受潮、不人为破坏,这种颜料保存几百年问题不大。为什么历史上北方壁画比南方壁画保留下来的多,就是干燥。

**杨:**那您针对四川这种天气,画壁画有没有特殊处理?

**姚:**我们四川,只要墙面干透,问题应该不大。我们在水泥墙上要贴一层木板,木板背后作防潮,然后把画布钉上去,四周压紧,中间不刷胶。

**杨:**那壁画表面除了胶矾水,还有没有其他保护?

**姚:**表面用不着处理了,在画的过程中就已经使用过胶矾水。现在有些西藏的壁画,他画完后用清漆再刷一遍,那个不是保护,是破坏。

**杨:**我感觉这种形式(布面壁画)已经是我们这个时代佛寺壁画的一个主要形式了。

**姚:**对。

2. 取稿与粉本(图4-3)

**杨:**姚老师,这些壁画那么庞大,那草稿也这么大,你们是徒手绘画呢,还是借助电脑、投影仪等设备?

**姚:**我们不用投影仪,都是手绘,因为你电脑是两回事。电脑和人手绘出来的东西它不一样。在纸上画完草稿后,用拷贝纸拷贝,再转到画布上。也有的直接在墙壁上起稿。古人在墙壁上作画,一般是用木炭条起稿,木炭条很容易被掸掉。然后用淡墨勾线、上色等。

**杨:**那你们现在用的粉本是怎么来的呢?

**姚:**这个不一定。只要符合规矩,法度庄严,藏地、汉地我们都在用,这个其实没有严格界限。比如我们在上海画十二圆觉菩萨时,就专程到新津观音寺、广汉龙居寺去看了十二圆觉壁画,考察过。

**杨:**姚老师,寺庙请你们画十二圆觉,那粉本或尊像是由你们定,还是由寺庙为你们选择?

**姚:**现在懂的人少,他们一般对画的内容提要求,至于最后你咋画,粉本和构图一般由我们定,相信我们的雇主甚至连看都无须看,他知道我们长期在画,相信我们。上海三官堂十二圆觉壁画跟近慈寺的画稿稍微改动了一下,因为它大小啊、高矮啊,都有点区别,造像基本上差不多,主要是构图上啊,调整。

图4-3　姚昌禄与壁画粉本

**杨**：也就是说，你们会对某一个题材有个基本的创作稿子，然后在此基础上作需要的调整，比如比例、构图等。

**姚**：像主题人物，那是有规矩的，我们一般不动它。我在画唐卡时，专门请教了一大批大活佛，因为我怕不符合他们的规矩。他们给我灌输一个（思想），除了佛不能动以外，其他的如何漂亮如何画。我就遵循这个原则。但是西藏画师就要呆板一些，像师父传徒弟，师父画花画六瓣，他都不会画七瓣。这个是没有规矩的，他都不会变通的。所以西藏往往徒弟当不了师父，他就是因为这个。你去看西藏美术史，往往你只要有一点点自己的东西，他都是大师。

3. 色彩搭配与施色

**杨**：姚老师，你们画画是否提前有一个色稿？

**姚**：我们画画有经验，用不着色稿了。

**杨**：那画面形成色调，固定搭配就有吗？还是画家随性地组织？

**姚**：它有一些规定的色彩，然后其他色彩你就自己搭配了。比如，像长寿佛红色身体，药师佛蓝色身体，这个是固定的，但是其他的，你就根据情况来搭配颜色。

**杨**：那现在画二十四诸天，就色彩而言，还按相应的仪轨画吗？

**姚**：这个（近慈寺十二圆觉壁画）是按我们汉地的规矩画的，跟《佛说造像量度经》的要求还不完全一样。为啥？我们汉地把很多佛像直接画成肉色，严格意义上按《佛说造像量度经》说，这个是不对的。他是有两种情况可以，要么是佛像本色，要么是金色。像观音菩萨,其本色是白色。我们汉地用肉色画佛像,是审美意识造成的,历史很长了。

**杨**:姚老师,你们壁画色彩亮丽而厚重,技法是怎样的?

**姚**:实际就是中国画技法,自然就有了。打比方说你画石青颜色,你底子上可以用植物色,也可以用红色托底,它两种色彩最后反映出来的效果肯定是有区别的。

**杨**:姚老师,新津观音寺壁画的线条、色彩都是一流的,您觉得现在我们的绘画水平跟古人的水平有差距吗?

**姚**:其实现在的水平是完全能达到的。现在年轻一代画工笔重彩的,他没有用来画这个,只是纯粹地画国画去了。

4. 颜料(图4-4)

**杨**:姚老师,你们的颜料是自己制作的吗?

**姚**:我们买的现成的。一般买天雅,中央美院附中的、姜思序堂的也用过。天雅比较齐,用得较多。制作颜料麻烦,张大千当年自己制作颜料,一个人画,几个人配合他,我们哪得行!

**杨**:那你们使用蛤粉吗?

**姚**:我们也用,但用起来麻烦一些。制作时很麻烦,你直接用胶糅合是不行的,必须摔打至少一两百下,然后胶和颜料才能融合进去,你才能用。

**杨**:现在,我在课堂上也在还原传统技法的细节,比如沥粉贴金哪、蛤粉的制作呀,但在使用的熟练程度上,肯定还有很大的进步空间,所以想向您多请教。

**姚**:我认识首都师大的郭继英老师,她留学日本,对颜料这一块吃透了。她在办岩彩班,我到她的课堂去了几次。还有王雄飞、蒋采苹,前者在日本研究过,后者是研究中国传统的。

**杨**:(指着十二圆觉壁画)上面描的这个"金"是丙烯金吗?

**姚**:这个不是丙烯金,我们用的是日本的一种金。这个金,准确地说,是一种矿物,它

图4-4 张建华给杨小晋介绍绘制壁画所用颜料

不一定是纯金。当然我们有时候也用纯金,这个要根据主方的要求来,因为代价太大。天雅里面有这种日本金,我们日本金用得多一些。我们买的金粉回来自己加胶。还有,我们用真金,用的是尼泊尔金,纯金,它胶都加好了,买回来可以直接用。"泥金"是亚光效果的,"贴金"是闪亮的。泥金也可以整亮,用玛瑙等宝石磨,就亮了。我们一般不主张过亮,不安逸,亮得贼光贼光的。泥金和贴金结合是很漂亮的,一个闪亮一个亚光,很有层次。譬如画脸,泥金肯定效果好些,而贴金在光线折射下就看不清楚,就不庄严漂亮了。

**杨**:那沥粉贴金技法在你们的壁画上是否用得较少了?

**姚**:上海有一堵壁画我们用了沥粉贴金。还是用传统的方法挤,工具采用针管啥的都可以,不再采用猪尿包。我看到郭继英他们是用毛笔沾粗的矿物颜料颗粒,重复很多次才堆积起来的,漂亮归漂亮,但代价大。

图4-5 姚昌禄师徒绘制的上海三官堂的十二圆觉壁画局部(张建华手机摄)

**杨**:我还看到中央美院使用腻子粉加胶勾的,然后在上面来贴金。

5. 造像风格与特点

**杨**:您学过唐卡,那您创作佛寺壁画时受它主导吗?

**姚**:我是综合的。我综合了藏地绘画,汉地的重彩,我们汉地的啥子山水、花鸟这些,把它们结合了,色彩、造型呀……但是藏地的造型我没有改过,因为它有严格的要求。但是在构图啊、空间感哪,我融入了汉地的美学观念。藏地的唐卡大多数是图案式的,它是一个一个摆放的,很多不讲究空间感。

**杨**:哦,您说的空间感,意思是通过汉地的山水、花鸟等,让画面具有空间感?

**姚**:对。

**杨**:姚老师,在明代法海寺壁画中,除了人物以外,还有山水、花鸟,特别是虫兽、瑞兽等。你们还在采用吗?

**张建华**:我们在浙江天台山画的八大菩萨,就添加了山水背景,借鉴的是北京法海寺的粉本。

**姚**:我们在上海绘制的十二圆觉壁画中就有梅花鹿、丹顶鹤等瑞兽(图4-5)。

**杨**:画这些东西有没有讲究?

**姚：** 这个不存在。它只要是动物，都属于有情众生，画上它们，画面就生动丰富起来了。

**杨：** 这些东西你们都是以一种"写实"的方式来表达吗？还是以一种"意象"的方式表达？

**姚：** 其实准确地说，我们中国没有"写实"的。前中国美协主席、中央美院院长靳尚谊，我听他一次讲座，我觉得他总结得很好，他说"传统中国画没有一幅是写实的"，都是意象的，包括工笔都是写意的。为啥？我们看，工笔的花鸟，宋代画的好嘛，拿一个跟现实的比，差距都很大。它不是写实的，但你一看，它就是那个东西。

**杨：** 我把我说的"写实"定义一下。我说的"写实"是指源自生活中的形象。譬如壁画中的青狮，通过现实的意象，然后又构架了很多东西而形成。

**姚：** 我们也用这种方式。

**杨：** 那有创新没有？

**姚：** 我们继承的多一些。

**杨：** 说到这里，我想问一下，佛寺壁画除了工笔重彩之外，有没有带写意的呢？

**姚：** 因为这毕竟是宗教题材，我们一般还是纯工笔的。

**杨：** 您看，明代蓬溪慧严寺大殿的壁画是很粗犷的画风。

**姚：** 其实这个严格也是工笔，不能简单归为写意。现在对于绘画，我们不说佛教艺术，单以绘画来说，现在对于古人说的，特别是清末，推崇纯水墨，写意嘛。实际上，我们定义的是，这只是中国画其中一个小分支。你把一个小分支用来代替整个中国绘画，那种说法就没对！我认为中国画应该咋个定义呢？具有中国人文精神的绘画都叫中国画，不是啥子"水墨"才是中国画。我请问，汉唐以前你去找个水墨画。其实水墨是元代以后兴起的，唐代之前是没有的。

**杨：** 其实"中国画"的概念到现在还是有争议的。

**姚：** 它不是啥争议，写历史的毕竟是文人。为啥他要推崇水墨画、文人画？因为他画的是那个。他贬低这些民间绘画。我请问，你敢说永乐宫壁画不好？！你很多文人说了不好，那你去画一个出来我看看！现在绘画界提出要有"工匠精神"，还是要有匠人精神才行，还是要讲究绘画的制作性。

**杨：** 姚老师，在画的时候，您有没有在不违背雇主的意愿下，有意识地把自己的个人风格以及本土的画风带进去？

**姚：** 这个我是要加进去。佛菩萨形象尽量按传统的规矩来，但是其他的能变的我们尽量变，只要画面漂亮就好。我觉得艺术不能搞成区域性的，没有必要。甚至包括国外的，我们也会洋为中用。比如现在年轻人画的中国画中的色彩，许多就借鉴了西方的色彩，但是他转化了，不像上一辈，他是照搬。他已经完全融入进去，一看风格就是中国的，但是一看最初来源就是西方的。我有几个朋友画重彩，就把印象派的色彩用过来了，很漂亮。从广义上讲，我认为具有中国人文情结的画就是中国画。

6. 修复壁画

**杨：** 姚老师，您参与过川内壁画修复工作吗？

姚：没有。其实当时有个机会，四川省考古研究院让我到地震后的青海玉树，一方面代表监理方，一方面去跟敦煌研究院学习修复壁画的技术，好回来跟他们一起做。但当时我在上海画壁画，很忙，所以我没去。

杨：您对修复传统壁画有什么看法？

姚：说老实话，如果不正儿八经按传统的手法去做，不修还坏不了这么凶。

7. 文化交流

杨：姚老师，我发现您有时还参加画展、文化交流活动。

姚：参展，偶尔要一下，少。文化交流，要结识朋友嘛。我那些朋友，真正有实力的画家，国画、西画、写意、工笔都有。

8. 其他传闻

姚：我师父跟从小金县请来的一个喇嘛学了一种空心塑像，从脚开始，塑到头部完成。他没有支架，全是用泥巴，造像是空心的。他那个泥巴和的有金、银、铜、铁、宝石，整成粉。师父讲，宝石都有一大碗，全磨成了粉。空心塑像一边塑造一边装藏，据说塑成以后干了敲击是金属声音，一点都不开裂。师父他们当时塑的文殊菩萨，但随着老近慈寺在"文化大革命"时期毁光了。当时近慈寺在能海上师带领下，集中了很多人才，各种匠人，佛学顶尖级的人才在那里。但这个技法没有继承下来。藏区现在还有没有，我不清楚。

## 二、调研感悟——"活态继承"明代佛寺壁画艺术

如果不是走进姚昌禄、张建华、何晓梅的工作坊，你无法想象在喧嚣的现代还有这样一群工匠，在执着坚守佛寺壁画的庄严正大之气象。他们都皈依信奉佛教，以无畏的虔诚接受心灵的洗礼，以苦行僧的步姿趋近佛教造像艺术的圣殿。

他们向我们展示了为近慈寺创作的十二圆觉主题壁画。当画面徐徐展开，那种沉静焕彩的震撼，那种历史图式的勾连，那种对神祇灵性的崇拜，全都在富丽堂皇中转化为现实的感动。我们瞬间确信自己看到了明代新津观音寺壁画在当代的活态传承。这里，"活态"的意味体现在以下几个方面：

第一，姚昌禄师徒的十二圆觉壁画草图，虽然取本于新津观音寺十二圆觉壁画，但在其造像时，依据美的原则进行了现代造型的修整和替换。如雷神大将，姚本将新津观音寺本的头部做了一定的调整，更符合现代造型中的透视原则（图4-6）；而菩提树神，姚本将观音寺本的置换成了明代北京法海寺壁画中的菩提树神，目的是让壁画中的每一尊像都成为从历史传统中积淀下来的最美的那位（图4-7）。而且，在构图上，因为姚昌禄的创作思想，即主体遵循规矩不能动，其他配景根据美的原则进行自由组合创造，促使画面既有传统图式的影子，又有新的面貌和现代感的特点。总之，他们创作的每铺题材相同的壁画，都有基于传统经典的图式面貌，但细节绝不雷同，保证了每一铺壁画的独特性。

第二，调动色彩资源，让画面层次分明，艳丽和谐，形成一种丰满、多变、辉煌的观感，给人以极高的审美享受。姚昌禄师徒学习过唐卡、汉地绘画，并最终升华融会了二者对色彩处理的技法。他们虽然身处民间，但在审美趣味上却远追凝练华美的唐、宋绘画，以及

图4-6　左：姚昌禄师徒绘制的雷神；右：新津观音寺壁画中的雷神

图4-7　左为新津观音寺壁画的菩提树神；右为姚本壁画借鉴明代北京法海寺壁画的
　　　菩提树神

元、明具有宫廷风格的宗教壁画。而且，他对当代岩彩艺术发展的状态了如指掌。因此，华丽富贵是姚昌禄师徒壁画的第一观感，然而细细品味，其设色意蕴中那种源自汉画文人气息的雅致与清丽，更让人沉醉流连。他们让古代壁画形制，在色彩上焕发出当代的清新，使我们在想象中推开了古代寺庙的殿门，被那历史此在的鲜丽瞬间惊艳！

　　第三，打破唐卡或古代壁画平面罗列神灵体系的构成程式，用富含生命之美的山水、花鸟、配饰物等丰富构图，赋予画面空间层次感，使得壁画既厚重饱满，又充满呼吸，是文人山水画"可游可居"审美理想的投射，也是明代北京法海寺壁画宫廷装饰风格的承继与发扬。

总之，我们在姚昌禄师徒的身上，看到了历代工匠精魂的影子。无论是严谨、均衡的高超构图，还是信手拈来前代美的图像进行新的组合，无论是融会唐卡与汉化的材料与技法，还是在佛教壁画固定程式中开辟一个具有文人韵味的装饰空间，这些都是对画家综合能力的苛刻考验。只有扎根传统，面向现代的方家，才能在装饰与审美两不误的情形下，从容地赋予画面以耐人寻味的灵性。

图4-8　姚昌禄师徒壁画中的花鸟和山水表现

在跟姚昌禄师徒接触的过程中，我感觉到他们说的少，做的多，语言不华丽，但句句从心出，真诚中透露出木讷，木讷中又饱含着淳朴的美德与信仰荣光。坐在那一年年，美丽的图卷就从笔底涓涓流出，这种踏实，这种虔诚的前进之姿，就是工匠精神的最好注脚。《贤劫经》说："作佛形像坐莲华上，若横画壁缯氎布上，使端正好，令众欢喜，由得道福。"[①] 衷心祝福他们在佛画艺术的道路上修成正果，成为这个时代留给未来的一份宝贵财富。

# 第二节　蓬溪县赤城镇水师庙民俗采访

## 一、《附北乡志》相关民俗资料记录

2015年10月，课题组自驾考察四川省遂宁市蓬溪县宝梵寺、高峰山后，在归程的赤城镇国道边看见一座名"水师庙"的庙宇。因紧邻公路修建，其原生环境面临破坏，出于好奇和文保责任感，我们停了下来。

水师庙是新修的，坐南朝北，为前殿加后殿的松散格局。（图4-9至图4-11）前殿主体为方形屋宇。青瓦顶，四角飞檐翘角。正面四扇红漆漏窗木门挂锁。庙门贴三组对联。中间两扇木门贴联为：

寺院有尘清风扫，山门无锁白云封。

木门外两边墙体并列贴两副对联，从内到外分别为：

---

① （西晋）竺法护译：《贤劫经》卷一，《大正藏》第14册，第6—7页。

图4-9　蓬溪县赤城镇水师庙前殿

如师真可主梅花,此地从来有修竹。①
佛门广大度不善之人,天雨无私润不根之草。②

后句源自白马寺后殿门对联"天雨虽宽不润无根之草；佛法虽广不度无缘之人"。

三联共同有横联:"自然有道"。横联上方有描金庙名牌匾"水师庙",三字为现代排序。牌匾前横梁正面浅浮雕双龙戏珠对称图案。

前殿左侧有一储物偏房,使得整个庙宇格局显得非常随意。后殿为一字排开的平房,如果不用作庙宇,就是一般普通民居。所以,因陋就简而成,这是现代新建民间庙宇的通病。

年轻人都出去打工了,此地异常静寂。我们在水师庙后一间破旧的平房中找到了守庙人陈志东。时值午后,他正在用餐,问明来意后热情为我们讲解起来。他怕我们有不清楚的地方,将自己收藏的《附北乡志》拿出来让我们看,由于他只有一份,所以只让我们拍照课题与相关的一部分,不出售。

水师庙所在附北乡现已不存在,其原先属于遂宁市文井区所辖,1992年9月撤区并乡建镇时归入蓬溪县赤城镇。《附北乡志》由本土学者李国喜、卢瑛、廖才元、罗跃全编写,课题组将相关民俗资料整理记录如下,特致谢意。

---

① 注:该联上下顺序贴反。
② 注:该联上下联顺序亦贴反。

图4-10　杨小晋采访陈志东水师庙情况　　　图4-11　陈志东进屋为课题组拿《附北乡志》

**资料一：水师①会（记）**

相传清朝时期，附北乡有一位远近驰名的医生叫陈向志。他专为人接骨化水治疗病症。医术很好，很受人尊敬，他死后，人们为了纪念他，就把他的神像塑在附北场的关帝庙内，受人香火供奉。又在他的坟墓前修一石庙钻一石像供在里面（坟墓在两河口村五社陈家大院左侧约80米，距两河场约半华里的地方），目前还在。他死后，在他的墓地和神像前烧香敬神，求神许愿划水的人很多。人们就把他的生日（五月二十九）定为会期，名曰"水师会"。每年会期的前后一个月，从四面八方，远近各地，陆陆续续前来烧香的人很多，平时也不少，总之一年四季香火不断。尤其在五月二十九会期这天甚是热闹，四面八方川流不息的人们，男女老少，车水马龙，街上成了人海。卖香蜡纸钱的人也很多，除街上坐的一些人卖香烛外，附近农村也有许多农民在最近两月搭棚摆摊卖香卖烛，街上街下，场头场尾，接二连三全是卖香烛的。水师菩萨神像庙门前、庙内，也都摆满了香烛摊。水师菩萨的坟墓四周更是多得无数，挨一挨二的竹棚布棚，一排排一串串，好像扎的连营。坟前庙内火炮喧天，蜡烛辉煌，浓烟弥空，整个两河场充满了浓厚的火药气味。其他卖茶水小饮食的，干的湿的，杂七杂八，五花八门，样数繁多。

水师会这天要请戏班子唱戏，②一是庆贺水师菩萨，二是还愿。看热闹的人也很多，各大帮来赶会的也不少。有卖木杂货的，有卖梳篦、五金、剪刀的，有卖儿童玩具的，有耍大把戏、小把戏的，还有唱猴戏和卖西洋镜的。其次押人人宝、押单双、丢圈圈、算命、测字、卖假药的、扯谎坝人物样样都有。此外，扒手、小偷也赶人多趁机摸包。

水师会远近闻名，流传有百多年的历史。每当会期由于各种器具五金、剪刀、药材日杂、百货商品样样齐全，应有尽有，外地行商、游客艺人云集当时的两河场。烧香的人们前后延续两三个月之久。会期之日从早到晚人流汹涌，商业顿时繁荣，甚至远近各地养鸽的，有远至一二百里的也都提着鸽笼，打早来赶会，买鸽卖鸽放鸽。在这天水师坟后坡坝，聚着一大坝人群，有鸽两百多笼，午后两点钟，才卖完放完，各自散去。

---

① 炼制符水，是梅山巫术的主要法门之一，而专门用符水救人或害人的师公（巫师），在梅山当地也被称作"水师"。梅山水师还有正邪两派之分。一般来说，正派梅山水师炼的法和水都是为了治病救人，而邪派水师则恰恰相反，传说他们炼成的符水可以让人生病、疯癫，他们继以"治病"为由勒索钱财。

② 据《附北乡志》"演戏"一节介绍：民国时期附北场常有戏班子来此演戏，尤其每年五月二十九的水师会更是无一年没唱过戏，少则十本，多则二十（唱一天称一本），附北场镇虽小，但商业兴隆，远近游人云集，甚是热闹。

新中国成立后,水师的神像已毁去,就无人来烧香了。水师会也消失了。现在又有人来烧香,水师坟前还修了一座石庙,内有水师菩萨的石像。

附北乡除以上庙会外,还有三月三娘娘会、三月二十八的东狱(笔者注:应为"嶽","岳"的繁体)会、四月初八的佛祖会、六月二十四的雷主会(笔者注:或为嫘祖会?)、七月七日的鹊桥会、八月十三的詹王会、<sup>①</sup>九月初九的九皇会、<sup>②</sup>十月初一的牛王会等。这些会期各庙宇有神像的都要办会,人们到庙烧香敬神,求神许愿的很多。有时还要唱戏庆贺。

**资料二:《附北乡志》列举的部分庙会及说明**

1. 观音会

民国时期,附北乡的马鞍山庙子有观音会。(马鞍山于1951年已划给普光乡管辖了)每到会期,即农历二月十九、六月十九、九月十九,远近各地的农村老年妇女到庙烧香敬神,求神许愿,还愿的很多,整天香火不断,鞭炮不息,有时还要高搭舞台请戏班子唱戏,看热闹的人很多。前后两三天才得停息,平时烧香的人也有。

2. 单刀会

单刀会即武圣会。武圣是三国的关羽(字云长),曾与刘备、张飞桃园结义,因他只身单刀赴会,与东吴力争荆州,后来哥老会为了纪念他的忠义,每年在五月十三这天"办贤事"。所有的袍哥必须参加。哥次们先以次排位,然后由红旗大管事指挥各兄弟伙跪拜武圣,再跪拜舵把子。这天有新加入袍哥的,由舵把子宣布排次。还有办提升的也由舵把子宣布。最后,大开宴席,费用由兄弟伙自筹,会后各散四方。

**资料三:《附北乡志》"迷信"一节收录的当地民间信仰现象,现多已销声匿迹,故该资料十分珍贵**

1. 供家神

供家神,家家都有,相传已有几千年历史了。后来破除迷信,才断绝了供家神。

供家神,就是把各家的祖先供在自家屋里的神龛中。过去不管贫富,家家户户的堂屋里都建有神龛,神龛上供着老祖先人及父母的灵牌。另外还供有天地君亲师,并用红纸写着天地君亲师神位,贴在神龛内,每天早晚烧香供祭,过年过节或初一、十五还点上神灯,用刀头敬酒,祭祀祖先。

2. 敬灶

农历腊月二十三"敬灶",民间传说:"灶神"每年腊月二十四日上天向玉皇大帝呈

---

① 詹王:厨业祖师。据武汉詹海云口述:"老皇历的秋季开头,有一个敬詹的风俗,共有四十八天,酒饭馆的厨师,这时都要敬詹厨詹厨子,祭祀他。"国荣洲《佐餐的典故》云,新中国成立前四川的厨师供奉"厨师菩萨"——詹王。农历八月十七日有詹王庙会,庙会上发售各种食物。这天又是厨师收徒和出师谢师的日子。《采风录》云,内江饮食帮奉詹厨子为祖师,每年八月十三日举办詹王会。詹王传说有二:一、詹王原是皇帝(或说隋文帝)的御厨。一次,皇帝问詹王什么最好吃,回答是盐,皇帝便以戏君之罪杀了他。后来御厨们做饭都不用盐了,皇帝才醒悟过来,于是封詹厨师为詹王。由此厨业便奉詹王为祖师,并尊为"詹王大帝"。二、隋文帝因嫌饭不好吃而杀了不少厨师,因此无人敢来做饭,只好张榜招贤。流浪汉詹鼠误揭皇榜被召入宫,隋文帝问他什么最好吃,他说"饿"最好吃。于是领着隋文帝出城找"饿",等隋文帝真的饿了,就拿出葱花饼给隋文帝吃,隋文帝这才明白只有饿了饭才好吃,于是封詹鼠为詹王。

② 九皇会,自古以来,中国先民崇敬天象,有星斗崇拜和星占之说。北斗九星,谓之"九皇",由北斗七星和左辅、右弼构成。九皇信仰的影响很大,这种崇拜在民间逐渐演变为礼斗之俗。古时全国许多地方,如广东、云南、四川、河北、江苏、浙江等省,均于农历九月一日至九日连续九天盛行礼斗之俗,谓之九皇会。九皇还被梨园行业尊为行业神。

述人间善恶,故民间都于腊月二十三"敬灶"。"敬灶"除用香烛茶而外,还要烧一张"灶疏",祈祷灶神在玉皇大帝面前为凡人"隐恶扬善"("灶疏"是事前由庙宇中的和尚、道士、尼姑散发的)。

### 3. 庆坛

庆坛,也是民国时期一种民俗活动,所谓"灶(注:此字看不清)有坛神"。坛神分"上坛""下坛"两种。"上坛"坛神为梅山□(注:此字看不清,疑为"派")仙娘、法官。"下坛"坛神为敕赐金鞭,赵侯圣祖。在乡间同族大院或一沟一湾同供一个坛神。人们为了求得一年四季清洁平安,六畜兴旺,就向坛神许愿,祈求保佑。附北乡民在猪生病许愿坛神,下年则看期请端公庆坛还愿(一般都在十冬腊月,时间多为一天)。后取缔。

### 4. 请神

请神又叫走阴,是巫师的迷信活动。巫师有男有女,女的叫巫婆,又叫仙娘婆。巫师请神时,先烧香蜡纸钱请神,坐着闭眼不动,口里念着"咒语",接着就以某某神或某某亡灵说话。请巫师的人这时就跪着问神,求其保佑,问完后,巫师就画符画水画鸡蛋等,为主人家消灾消难。

除此以外,本地每年正月初头有请老人神、"耍神仙"、"扫把神"的。

### 5. 收吓招魂

乡间幼童,常多疾病,不想吃饭,有的甚至面黄肌瘦,一般人就说是走了脚,吓着了,于是就去请收吓的或端公、道士收吓招魂,烧蛋画符等保其益寿延年。民国时期,住在两河场的陈光仲之妻就专为人收吓烧香。玉清庵的康老道,每逢三、六、九场期也来关帝庙为人收吓。被收吓者回家后,家里的人在晚间还要出去连喊三晚上被收吓者的姓名,这叫喊魂,意思是魂被吓掉了,去喊回来。有的人还用线绳系在小孩子的手颈、脚颈和颈项上,表示将魂拴住不得跑掉。还有的在胸前挂一道符,驱邪避鬼,以保其身。

### 6. 谢土

过去,有的人因家庭诸事不顺利,鸡乱叫,狗乱咬,人们就说土神不安,于是就请端公或道士来谢土,庆贺土神,保佑一家安宁。

### 7. 打小送

过去,有些人家,因家里的人生病,或久病不愈,就认为有什么冤孽鬼怪找着了,就请端公或道士来作法,不用大锣大鼓,只动小响器,念一点儿经,把妖魔鬼怪劝走,这叫打小送。

### 8. 泼水饭

过去一些人,因经常发生病痛,或久病未愈,怀疑有什么鬼怪找着了,但不请端公道士作法,自己用碗盛一碗水饭,拿着香蜡纸钱到十字路烧化,并向鬼神通派,意思是今晚赏了你钱和水饭,就远走,不要再在这里了。说完后就把水饭泼了,将碗盖于十字路口。这是民间一些人为了少花钱的做法。

### 9. 做道场

死了人,请端公道士或和尚来给死者念经超度亡灵,这叫做道场。根据家庭贫富情况有做一天的,有做三天、五天、七天的。做道场的程序:第一天,迎圣,请水参灶,迎王;

第二天，早朝，开经坛，破狱；第三天，早朝，开经上表，收幡挂榜，座台。做五天、七天道场的，除每天早、午、晚做朝庆外，其余都为念诵经忏。其中"座台"一堂法事，不管几天均在最后一天晚上。这天晚上先"堂祭"。所谓"堂祭"相当于现在开追悼大会，堂祭仪式上要宣读家属、亲友的祭文。堂祭结束，便由道士"座台"。所谓"座台"即用桌凳搭一高台，台上供一熟面人，叫作"鬼王"，另蒸若干面疙瘩叫作"鬼弹子"。法事做完，由道士撒于台下四周，便被台下围观者（其中多数是小孩）抢去吃掉（传说吃了鬼弹子，尤其是吃了鬼王，可以消灾免难，因此，抢吃者甚多）。然后，死者家属为死者烧包（封好的纸钱、纸衣等），这个道场即算结束。

**资料四：《附北乡志》"第三章　旧社会的社会组织"记录的"袍哥"**

旧社会，袍哥组织较盛行，它在场上设立公口，公口设社长一人，俗称龙头大爷，又叫舵把子，另设副社长一至三人，值年大爷一至五人，评议一至三人，当家管事一人，执法管事一人，其余哥老兄弟伙均为一般会员。

袍哥的内部组织，分一、三、五、六、九排，还有小老幺，四、八排是叛徒不立，二排（二哥是圣员）避讳不开，一排为大爷，三排为当家，五排为管事，有管五闲五之分，六、九排，小老幺则是小兄弟伙，专供驱使，协助办事。

办提升：每年五月十三日是袍哥纪念桃园结义兄弟关云长之日，名为"单刀会"。这天是袍哥办提升和发展袍哥的时期，加入袍哥必须经"恩超、保荐、引进"三盟兄的承认，由盟兄斟酌入会者的身份、资历给予行次上的地位，有钱有势者可列入五排、三排，一般的均列为九排、小老幺。

经费来源：在吸收新会员时，纳会费底金。

附北乡哥老会总名称叫"两仪公"，公口设在两河口场上。两仪公的总舵把子是黄泽浦，副舵把子是胥常伍、青云安，下设十三个分社，在农村开山设堂。永镇庵有"龙云会"，龙头大爷是黄义之，副龙头大爷是李凤鸣。两河口有"积玉会"，龙头大爷是吕玉堂。还有"汉鼎会"，龙头大爷是吕锡。

普光寺（现属普光乡）有"桂芬清会"，龙头大爷是何秀堂。

人能寺有"金泉会"，龙头大爷是周明宣。

清华宫有"新金泉会"，龙头大爷是何忠宣。

张家观有"蟠龙会"，龙头大爷是王廷瑞。

吕家庵有"群英会"，龙头大爷是黄可平、吕玉林。

玉清庵有"蓬瀛会"，龙头大爷是王岂之。

朱家桥有"龙云会"，龙头大爷是朱济生。

玉泉观有"桂香会"，龙头大爷是陈凤览。

张家观有"蟠龙会"，龙头大爷是王廷瑞。

小何家庵有"桂福会"，龙头大爷是何青云（又名连山）、王海洲。

五雷寨有"龙云会"，龙头大爷是杨汉清。

大悲庵有"蟠龙会"，龙头大爷是余德远。

以上袍哥组织在新中国成立后全部解体,在社会上就行不通了。

《附北乡志》还有"文化活动"一节,其中"川剧坐唱"一文谈到玩友,又叫打围鼓,唱板凳戏。川剧坐唱,是街道码头(袍哥)组织起来的闲暇娱乐。附北两河场的玩友会叫"大同乐社"。

每当他们闲暇无事,或场期节日,就组织起来敲锣打鼓,围场坐唱。还有婚丧嫁娶,祝寿贺喜请客等,也请玩友会去坐唱的。旧社会"玩友"较广泛,各城市场镇码头都有。

### 资料五:《附北乡志》关于"宗祠"的记录

宗祠是宗族祭祀祖先而修建的,祠堂建筑形似古庙,只有正房中堂修有梯级神龛,龛顶上最高一层为始祖,以下按辈次排列,各有牌位,成宝塔形。祠堂大门上悬挂着"某氏宗祠"的木匾,中堂两侧壁上刻有皇族表、节妇和本姓德高望重的人名事迹,以昭后嗣。祠堂还制有宗规家谱(制裔册),有的是石刻,有的是木刻,以志不忘。家规也就是族规,制约极严。如义子有亲,内外有别、不准乱伦,外姓不得入宗为嗣,夫死不得再嫁,戒酗酒赌博,禁吸大烟,等等。违者到宗祠祭祀之日,给予打屁股、罚跪、罚祭祀费、罚祭坟、栽树等处罚。

宗祠有族长一人,为一姓人之长,主管和裁决一姓人的大小事务。族长既有权势而且为富豪。还设有会首一人,主管宗祠祭祀和祠会财产。有的设有龛师,管理祠内早晚焚香上供,日常清洁等。

有的宗祠有田地、山场、房屋,叫作会业,招佃收租,作为祭祀之用。会业田地少则几亩,多则几十亩。

宗族聚会,一般在三月清明,称为祭祀。祭祀时凡属同一宗祠的男丁,不分老少,一律参加。

宗族既是一姓人聚会之所,也是维护本姓人利益的大本营,如外姓人有欺负本姓人的,本姓人则团结一致对付外姓人。

本乡的大小宗祠很多,凡大姓人都设有祠堂:

两河口村陈家大院有陈氏祠。

包家亚村付家桥有付氏宗祠。何家湾有何氏宗祠。朱家嘴有朱氏宗祠。

响堂沟村冯家湾有冯氏宗祠,老房子有文氏宗祠,瓦房子有杜氏宗祠,响堂沟有陈氏宗祠。

于井湾村杜家湾有杜氏宗祠,老房子有杨氏宗祠,罗罗岩有杜氏宗祠,石岩湾有青氏宗祠。

二号桥村全家湾有谢氏宗祠,李家湾有李氏宗祠。

五雷寨村有罗氏宗祠。

白毛沟村有朱氏宗祠。

人能村杜家湾有杜氏宗祠,黄连嘴有王氏宗祠。

### 资料六:《附北乡志》关于"行会"的记录

行会,是社会上各行业、工匠群众自发的组织,其作用是:纪念本行业创造人的功绩,并可以此团结本行业人员互相支持，借以谋生；同时，也可以排解本行业人员的纠纷。附北乡在过去的行会有：鲁班会，每年农历五月七日，是春秋时著名的建筑家鲁班的生日。到了这天，五匠工人［泥、石、木、雕、解①（音gǎi）］都要举行祭祀。

老君会，每年二月十五日，是打铁工纪念李老君的寿诞节日，这天都要举行祭祀。

药王会，每年农历四月二十八日，纪念唐代著名医药家孙思邈的生日，凡医药业务的人员，到这天都举行祭祀。

粉祖会，每年农历七月十三日，理发工人要举行祭祀。②

**资料七：《附北乡志》在"文化活动"一节有"讲圣谕（劝善）"一文**

讲圣谕，是旧社会用封建迷信故事来教育人从善弃恶的一种方式。过去，本地每逢年过节，讲圣谕者颇多，而讲圣谕的先生则一般由街道庙会组织或私人请讲，时间一天、两天，或十日不定。讲时高搭桌台，讲圣谕的先生，先焚香敬拜后，再上台座讲。下面就坐着许多听众静听，多数是妇女和老太婆，讲的内容多是封建伦理，忠、孝、节、义和因果报应之类。

本地讲圣谕的有今二号桥八社的胥克明，早年他教私塾，喜行善事，所以他爱讲圣谕以劝化人。新中国成立后行医，现年老退休在家。

## 二、考察感悟——即将消亡的民俗事项是文脉恒久相续的记忆

此番"水师庙"考察，看似与四川明代佛寺壁画民俗学研究关联不大，实则内里别有乾坤。在宗教学视域，一些民俗往往依托寺庙而建立、成长、衰亡或改造。寺庙是精神信仰与物质流通的结合体，围绕着寺庙，既有佛法修持的纯粹，也有人间烟火的碰撞。自然，随着庙会的兴盛，民俗事项的活力也被激发出来。换句时髦的话，就是信仰文化搭台，小民经济唱戏，人间烟火鼎盛，道德和财富维持着自在的平衡。这种模式放在当下，也一样具有推动经济社会进步的功用。

身处当下科技发达的社会，无法想象民国以前的传统社会生活，那时宗教信仰、迷信、社会组织和社会活动交织在一起，对民众的生活产生着巨大而深刻的影响。在研究中我们不断追问，明代佛寺壁画到底能对社会产生多大的影响？就这个问题，我想很难给出确定答案。佛寺壁画此时是附属于寺庙和信仰的一个小元素，必须与其他诸多要素融合在一起才能对社会文化产生有形的影响。当然，壁画本身的精美程度，或壁画来源的"富""贵"背景（如与御赐圣手、高僧大德有关联），或壁画内容有灵验等，此类因素促成的直接影响力会更大。

譬如成都有个浣花溪，就是因为佛教信仰的民间传说而演化出盛大的民俗游赏活动的。相传，唐代冀国夫人年轻时在所居住的溪畔洗衣服，遇见一个患疮的过路僧跌入污泥

---

① 解匠，属于木匠范畴，将木材滚子用锯子锯扯成木板的匠人。

② 中国理发业的祖师是罗真。相传武则天生了个驴头人体的怪孩，人称"驴头太子"。按惯例需张皇榜请高超的剃头匠为太子理满月头。但剃头匠均不敢揭皇榜。武则天怒告天下，若无人揭榜，过了太子满月期，凡剃头匠必须一律改行，违者杀头。僧人罗真得知此事后揭了榜，但剃头时由于慌乱剃破了太子头皮。他干脆剥开头皮，驴头太子竟变成了白面太子。此举拯救了理发行业。从此，罗真被奉为理发祖师，历代被建堂祭祀。

之中。她没有嫌恶，欣然为僧人洗涤僧袍。流水濯僧衣处，刹那间朵朵莲花随手浮出，直至遍泛溪面。浣花溪亦因此得名。翼国夫人浣洗僧衣的日子是四月十九，从后蜀开始，每年此日就成为"浣花泛舟，满城欢醉"的盛大民俗活动——大游江。据任正一《游浣花溪记》所记盛况：这一天成都人倾城而往，民众官僚共同游乐。浣花溪水面上架舟如屋，连樯衔尾，箫鼓弦歌；浣花溪岸上数里，人们搭棚子赏舟之来往。穷人以柴火（刍荛）等物资交易换得能吃饱一顿的饭钱，就会游乐忘返。这就是佛教文艺与世俗民风之间建立起来的一种"生态"逻辑的写照。佛教的"圆满人生"与世俗的"游戏人生"，在人类追求吉祥幸福的价值体系中相碰撞，就使宏大的"圆满"课题沾染上凡尘烟火，也使弥散的"浮世"风止熏习上佛法的慈航普度，前者所谓随缘而化，后者所谓润物无声。

所以，《附北乡志》正是以分散的材料，记录着巴蜀大地一个古老乡村的生民基于趋吉避凶的祈愿所生发出的民间信仰和民俗生态，其文化机理比浣花溪的传说更具有生活的现实主义底色。就本书的主旨而言，"水师庙"虽然不算是佛寺，但可以视为明代遂宁佛寺生存状态的一种映射。

第一，民间信仰需要被公认的载体支撑，并且与生民发生实实在在的利害关系。据张泽洪《中国西南少数民族梅山教研究的文化意义》一文研究，西南地区的"水师"源自湘中的梅山教，或者与茅山教、闾山教也有关联，他们都践行"法术通神"的行法。南宋道士白玉蟾《海琼白真人语录》卷一载："巫者之法，始于娑坦王，传之盘古王，再传于阿修罗王，复传于维陀始王、长沙王、头陀王……昔者巫人之法，有曰盘古法者，又有曰灵山法者，复有闾山法者，其实一巫法也。"[①]这里的阿修罗、维陀始王、头陀王、灵山法等，存在"阿修罗"这样的佛教词汇，表明宋代以来梅山教不单依附道教，对佛教的融合也是其发展的重要方式。

虽然以现在的眼光看，"水师"是民间伤科医生，在汉代以前就存在，治疗与生产劳动相关的封刀接骨、跌打损伤、外科肿毒以及各种疑难杂症等，但其医治方法包含着诸多神秘手段和现象，如他们炼制的符水包括用于开刀接骨的止痛水，防止高温所伤的雪山水，治疗无故疯癫的收猖水、防身抗打的铁牛水，等等，还采用归蛇术、[②]收惊术等巫术。这些方式，无疑会使老百姓节省大量治病的金钱，而且还可见证奇迹发生的时刻。所以，正如清朝附北乡医术高明的陈向志"水师"，他被民间自发奉为神明，死后造像于关帝庙，塑像于墓地前，以接受香火。

不过笔者一直有个疑问，就是陈向志"水师"被纪念好理解，但老百姓在其死后依然到其像前"许愿划水"，这种信心是很难被理解的。在采访中，守庙人陈志东讲了一个传说。他说，在陈向志"水师"的坟前有一条水沟（笔者察看过，现在已经干涸），以前哪家的猪有瘟症，喝了在此乞求的水，一般都会好。原来，民间以为其治病的效力一直延续着，

---

① 《道藏》第33册，第113—114页。
② 归蛇术属于梅山渔猎巫之一，当毒蛇咬伤人后，巫师通过作法让咬人之蛇口衔解毒草药来到巫师身边。其大致过程为：巫师先持一道平安符，在毒蛇伤人之地用香插出"山、林、竹"三字，再用香在字旁插出三个同心圆，巫师在圆圈里盘腿坐定念归蛇咒。据说一般两小时后就会应验。

以前是人畜皆治，现在则集中于家畜上，都与百姓的福祉息息相关。现在甚至形成一个习俗，有人某一部位有病，就以猪的相应部位敬献，乞求康复。民间信仰的推动，使得"水师"陈向志的生日（五月二十九）成了特殊的庙会大日子——水师会，并形成流传了百余年的风俗。庙会上摊贩交杂，戏班子搭台唱戏，其他娱乐活动也如火如荼，总之，各色人等又以商业和文化的繁荣，推动着民间信仰转化为生生不息的世俗烟火。守庙人陈志东讲，以前水师会就在这附近举办，很多远地方的人提前过来"安营扎寨"，就是为了上一把香火，还一个心愿，发一笔小财……

上述水师会是民间信仰转化为民风民俗的典型范例，附北乡除具有水师庙会外，还有佛祖会、观音会、东岳会、娘娘会、雷主会、鹊桥会、詹王会、九皇会、牛王会等。显然，佛家、道家基于宗教的会庆，以及鹊桥会、詹王会、老君会、粉主会、药王会这样的民间崇拜类会庆，都在展示着自己的美好以吸引信众，客观上促进了地方经济文化的繁荣发展，并形成了历史特有的乡村记忆。可以想象，围绕四川明代佛寺壁画，也一定同样上演过很多祈愿与还愿的故事，只是佛教教义大多脱离凡尘，在功利的普通百姓那里，有时不如驱邪避凶的"法术"来得直接。

第二，民间信仰与民间组织的关系剪不断，理还乱。组织庙会，口头上说说很简单，但是从管理学角度看，这是一个复杂的系统工程，必须有组织和安排才能有序推进。在《附北乡志》中，我们看到了袍哥、行会的组织影响力，[①]也看到了寺庙道观扮演着积极主动的角色，它们将无序的个人"民间信仰"的情绪和行动，吸收接纳并融汇成一种三教九流的精神狂欢和疗愈，使社会上巨大的祈福禳灾的共同行为在和谐安稳的氛围中进行。

说是"和谐安稳"，其实也是势力角逐的反映。蓬溪县医院原院长柴作栋在《蓬溪青帮的由来》[②]一文中讲道：青帮是始建于明末清初的以反清复明为宗旨的秘密组织。到1945年左右，作为医生的柴作栋跟税警团营长黄翼飞皆拜重庆青帮张树声为师，并得到许可自立香堂招收门徒。当时，南充、遂宁、射洪等地的豪绅地主、政府官员、乡长、保长、甲长以及灶户、商人、汽车司机、军队长官等四五百人加入青帮，势力发展很快。但1949年春，四川省银行驻蓬溪的主任黄群（属青帮）与房东杨德乾（属袍哥）发生矛盾。在争执中，青帮师父黄翼飞打了杨德乾一耳光。消息传出，蓬溪袍哥舵把子周治安、国民党县党部书记颜守恂、县长杜鳌等人决定惩治青帮，黄翼飞被关进牢房，黄群赔偿36万元法币。此事的结果是：蓬溪的青帮一败涂地，其势力垮台湮没。

所以从某种意义上反观，民间组织虽然借助宗教信仰积累自身形象和人气，实质上是为利益和权势在运作，因此，这种表面的繁荣不能保障信仰的纯粹，负面危机在民间组织的发展过程中越积越多，最终被历史浪潮所终结淘汰，与之相伴生的民间信仰形式也出现分化，其中一部分消失了。但我们不必遗憾，因为留下的形式才是民族共同记忆和文化的沉淀结晶，才更值得我们珍视。今天，我们的社会管理已经具有焕然一新的科学属性，但

---

① 张嘉友：《四川袍哥简史》，四川大学出版社，2016年。
② 胡传淮主编：《蓬溪文史资料精选》，中国文史出版社，2011年，第398—401页。

历史的经验教训依然是其成熟发展的必要镜鉴。

第三,"讲圣谕"是民间自我精神净化的重要途径之一。在道观、寺庙、祠堂以及其他民间信仰的载体与渠道中,政府、民间组织以及自发的个人都扮演着重要的角色,从不同层面共同推动着社会精神的蔓延与生长,维系着社会秩序的和谐。

讲圣谕是民间的一种劝善活动。在佛教中,唐代就有此类活动。据记载,唐代的诸多寺院,尤其是长安的,流行一种"俗讲"活动,即由和尚向信众说唱佛经故事、民间传说和历史故事等。记录俗讲内容的文字叫"变文",为方便说唱和理解,较近口语化。但是到了宋真宗(997—1022在位)时代,他曾明令禁止僧人讲唱变文,可民间百姓形成的风俗习惯很难改变,这种传统依然在民间野火烧不尽。一般认为讲圣谕活动就是始于宋朝的。相传宋代有个张亚子,[①]为人乐善好施,仁孝兼修,他常以古圣先贤、忠臣孝子之事劝善于人,死后被敕封为"文昌帝君"。流行民间的讲述善行鉴戒故事的行为活动,据说就是效法张亚子。

清顺治时,皇家已经把讲圣谕活动上升为怀柔统治手段的一种。康熙时颁布有圣谕十六条。雍正作《圣谕广训》颁布各学校宣讲,有书九十种,颁行天下,流行的如《精忠传》《二十四孝》《烈女传》等,宣扬纲纪伦常,倡行忠孝节义,并制定"定讲期、筹讲费、明讲法、肃讲仪"的宣传规条,使推行"圣谕"的活动得以在民间持续落地。[②]

道光年间,讲圣谕世俗化进程加剧,由官而民,普及城乡,宣讲者由官员士绅转换为佛堂主持或善男信女,宣讲内容更多是十全大善的民间故事。所以当时讲圣谕也叫"唱善书"。善书的底本叫"案传"(案,官方案卷;传,民间传说),由各地佛堂收集刊印成册供宣讲使用,其曲目有《目连僧救母》《白马驮经传》《地藏王古佛幽鬟传》《三皇姑出家》《唐王游地狱》《报母血盆经》等佛教故事。[③]

善书的表演有说(宣)有唱(讲)。每逢初一、十五日或遇有庙会,便搭圣谕棚(善书棚)或宣讲坛。善书棚的布置也深受佛教文化影响,有的张挂《二十四孝图》或《十八地狱图》,以及其他宗教故事图画,书写着"普结善缘""善渡东林"之类的字幅。善书演出讲究"结缘不攀缘",是不收费的,如果观众自觉捐赠香火、功德钱,则造册登记用于佛事或修桥铺路等慈善事业。

讲圣谕是一种说教的民间艺术,对讲书人要求很高,需要用生动的道白、唱词,讲述忠孝节义、因果报应的故事。据学者记载,河南地区在民国时期,善书形成了大宣腔、小宣腔、流水宣腔、金丫腔、玉丫腔、梭罗腔等固定的唱腔曲调,同时,还增加了铜铃、书鼓、简板等击节乐器,增加了说讲的视听魅力。

讲圣谕还必须讲究礼仪排场,以纯净道场。据记载,在四川成都,出资行善摆书台的

---

① 张亚子,本是蜀人张育与亚子两位人物合并而成的传说神灵。在道教和文人儒士的大力推崇下,唐宋元明九个帝王不断加封,张亚子成为天下共祀的文昌星,专司功名、文运、利禄。其身边有二位童子,一个叫天聋,一个叫地哑,以示不泄露考试秘密。文昌星主庙在四川梓潼七曲山大庙。

② 蒋蓝编著:《经典往事老职业》,重庆大学出版社,2007年,第197页。

③ 汪燕岗:《论清代圣谕宣讲在民间之演变及其文化价值》,《社会科学研究》2019年第6期,第177—186页。

人，要亲自上门下聘金恭请先生。先生带着当今皇上的圣牌去到书场。主人恭迎先生与圣牌，并献茶。讲台是拴红缎子桌围的方桌，一般支在高台上。讲书先生请出圣牌（民国时期为圣谕"格言"牌），上香叩拜，增加庄严肃穆的气氛。礼仪完毕后，先生爬上书台开讲，大人小孩就在下边坐听。在民国时期的四川街头文化中，讲圣谕很普遍，而成都尤为盛行，又称讲评书，民国时期改称"宣讲格言"。有钱人聘请讲师，或旧时人家酬神还愿，或街道庙会组织，在茶馆、公馆或其附近，甚而集镇、农村、寺庙和人流量较大的幺店子（四川方言，即路边小店），由说书艺人先说一段文言并念一段诗词（民国时期为《迎神诗》和《代天宣化十大愿》，内容现已失传，大意为吉祥清泰的愿景），再讲历史故事，短则三五个晚上，长则十天半月，成为晚饭后的一道靓丽风景，尤其是夏冬两季。由于艺术感染力太强，有听众感动昏厥、羞愧流泪，可窥讲圣谕的教化境界之一斑。[①]

佛教又称"像教"，造像、宣教缺一不可。从社会学或文化传播学的角度看，那些佛寺壁画图像背后的故事如果不宣讲出来，就不过是一堆漂亮的乱码。在讲圣谕活动中，"以平民之口，发神圣之言"，一部分神话故事和佛教故事被用来解释圣谕中的道德准则，用善恶因果的内涵来扬善抑恶，重建儒家君臣、父子、夫妻、弟兄、朋友的"五常"砥柱，所以它带有形式多样的教化性、民间性的特色。从非物质文化遗产的角度看，讲圣谕是一个值得推崇的项目。目前，云南会泽县娜姑镇的白雾村、河南内乡县县衙博物馆，还一直延续着宣讲圣谕的传统活动，成为一种逝去的、温情的历史文化记忆。白雾村因此而成为国家级历史文化名村，表明国家意志对地方慎终追远努力的肯定，文脉也就不知不觉成了永恒的相续。

---

① 流沙河：《从袍哥说起——为王洪林〈俗韵会通〉作序言》，《巴蜀史志》2002 年第 3 期。

# 后　记

　　近年来,随着我国文物普查工作走向更深入,研究手段更科学,明代佛寺壁画也不断有新的发现。美术史论界的部分学者怀着浓烈的情怀投入调研工作,使得明代佛寺壁画艺术蕴含的人文智慧之光不断被释放出来,纠正了过去学界低估明代佛寺壁画艺术价值的倾向。

　　我和小晋老师有幸以抢救非物质文化遗产之名,展开了对四川明代佛寺壁画的搜集整理和阐释研究工作。2009年,我们从西华师大校级课题"蓬溪县宝梵寺壁画研究"做起,在《文艺争鸣》杂志发表《宝梵寺明代壁画〈西方境〉的艺术特色》一文。2011年,我们获批教育部青年基金项目"四川明代佛寺壁画研究"(因研究内容调整,课题也随之调整),在《文艺研究》杂志发表《觉苑寺明代佛传故事壁画艺术探析》一文,并于2014年在人民美术出版社出版专著《梵相遗珍——四川明代佛寺壁画》,该书于2015年获得四川省文联颁发的第八届四川省巴蜀文艺奖文艺评论类铜奖;2018年,我们再次获批教育部规划基金项目"四川明代佛寺壁画的艺术民俗学内蕴研究"。之前的2016年,在《四川文物》杂志发表《四川蓬溪县慧严寺大雄殿明代壁画初探》一文。现在书稿《四川明代佛寺壁画的艺术民俗学意蕴》杀青,置笔回顾研究之路,终不负筚路蓝缕,拥揽一路芳华。也许在我们的人生里,相关研究就此告一段落,但行走在巴山蜀水,我们有胆气深情地说:"我爱你,我的乡土,我的青春和热血曾在你巍巍群山和汤汤大川之间逡巡,将来长眠在这炽烈的故土中,此生何憾?"

　　十年,从青丝到白首,从一个古佛寺辗转另一个古佛寺,眼见清冷僻野与华丽精美并存。期间遇见各色人、事、物,浮生若梦,有惊艳,有冷漠,有心动,有心忍,有经验,有教训,渐悟"所谓人生,因缘际会,随顺而已"的真谛。

　　如果将四川明代佛寺壁画置于中国美术史的庞大叙事中,我们看见的是填补四川绘画史断代缺如的精美史料。自唐、五代以来,四川绘画均有名家明记,脉络清晰,如黄休复《益州名画录》、范成大《成都府古寺名笔记》、邓椿《画继》、费著《蜀名画记》、曹学佺《蜀中广记·画苑记》、杨慎编《全蜀艺文志》、罗元黼《蜀画史稿》、薛志泽《益州书画录》、江梵众等《清代蜀中画家传略》……但上述记录独遗明代。四川明代佛寺壁画遗产群的存在,为我们揭示了巴蜀地区明代画工的创造与智慧,民间善信的坚定存在!

从民俗学视域的角度再审视四川明代佛寺壁画,从中发掘并还原旅人的足迹,生人的烟火,民间的心理,事物的相续,这种思考本身就是一种修行。幸好这十余年的学术修行之路善缘满满,总有人为你提供方便,总有人让你醍醐灌顶,总有人让你黯然神伤……小晋老师甚至把从佛寺壁画中悟到的工匠精神和画理,延展到重彩画课堂教学中,形成了省级思政课和省级一流线下课程,学以致用,古为今用,摸索出一条活态继承的学术道路。

感谢四川佛寺壁画民间传承人姚昌禄、张建华、何晓梅师徒,蓬溪文管所所长任彬,新都文管所所长廖继成,蓬溪水师庙陈志东,彭州涌华寺住持广忍,新津观音寺住持隆休,北京法海寺吴老师,四川大学李翎教授,陕西师范大学高明教授,广元博物馆蒲泯宏馆长,广汉市佛教协会秘书长黄格胜,以及学校科研处、财务处和院校相关领导和同仁……他们对课题组提供了无私热忱的帮助。

搁笔的当下,百感交集,泪光盈盈!十年,白驹过隙,多少年轻纯真的梦想涌上心间,多少志得、执着、努力与失意成为胸中块垒,梦缘自作,唯踯躅前行,待那花开果结的丰盛……

刘显成

2021年1月6日18∶00于独孤居

**图书在版编目（CIP）数据**

四川明代佛寺壁画的艺术民俗学意蕴/杨小晋,刘
显成著.—上海：上海古籍出版社,2023.11
ISBN 978-7-5732-0942-9

Ⅰ.①四… Ⅱ.①杨… ②刘… Ⅲ.①寺庙壁画-民
俗学-研究-四川 Ⅳ.①K879.414

中国国家版本馆CIP数据核字（2023）第208124号

四川明代佛寺壁画的艺术民俗学意蕴
杨小晋 刘显成 著

出版发行 上海古籍出版社出版发行
地　　址 上海市闵行区号景路159弄A座5F
邮政编码 201101
网　　址 www. guji. com. cn
E-mail guji1@guji. com. cn
印　　刷 山东韵杰文化科技有限公司印刷
开　　本 787×1092　1/16
印　　张 10
插　　页 12
字　　数 219000
版　　次 2023年11月第1版　2023年11月第1次印刷
印　　数 1—1,100
书　　号 ISBN 978-7-5732-0942-9 / B·1356
定　　价 58.00元

如有质量问题，请与承印公司联系